HÄDECKE

CLAUDIA ZALTENBACH

miso

REZEPTE · KULTUR · MENSCHEN

INHALT

VORWORT

von Thomas Vilgis

Kennen Sie Pfälzer Kartoffelmiso? Graupenwürze? Nicht? Dann sind Sie hier in *Claudia Zaltenbachs* Buch „Miso" genau richtig. Nicht, weil Sie dort die genauen Rezepte dazu finden, sondern weil die Prinzipien von Miso & Co deutlich erklärt werden und Leserinnen und Leser nach Lektüre dieses Buchs rasch selbst kreativ zur Tat schreiten können, ohne dabei – wie der Autor dieses Vorworts – auf die detaillierten biochemischen und biophysikalischen Kenntnisse der Fermentation angewiesen zu sein.

Miso, am besten bekannt aus der schmackhaften Misosuppe, ist auch Grundlage zu den Ramensuppen, zu der schon die wunderbare *Tampopo,* dargestellt durch die zauberhafte *Nobuko Miyamoto,* im gleichnamigen Film Lust auf herzhafte Suppen erzeugte.

MISO IST ABER WEIT MEHR ALS NUR EINE WÜRZGRUNDLAGE.

Miso, ein natürlicher asiatischer Glutamatlieferant, erzeugt – neben Sojasaucen – die herzhafteste Form des Umamigeschmacks, gepaart mit feiner Säure und salzigen Noten.

Misopasten und Misowürzen, die Grundlage vieler Gerichte, die in Asien zum Standard des Küchenrepertoires gehören, sind letztlich „universelle" Rezepturen: Miso funktioniert mit Sojabohnen, Fisch oder Kombinationen von beiden. Die Hauptarbeit übernehmen in den Bioreaktoren –in vielen Miso-Manufakturen sind das noch die alten Holzbottiche – die Enzyme von *Aspergillus flavus var. oryzae,* eines Kojipilzes, der gern auf poliertem Reis wächst. Während der Fermentation zerlegen dessen Enzyme alles, was ihnen vors aktive Zentrum kommt: Proteine, Stärke, Fette und selbst vor der DNA und den Farbpigmenten wird nicht halt gemacht. Dank der Proteasen dieses Edelschimmelpilzes, die die Glutamate freisetzen, entsteht eine würzig umamireiche und mundfüllende Paste mit einem Aromaspektrum, das durch nichts nachzuahmen, aber durch die Variation der Zutaten, der Vorwürzungen, der Fermentationsdauer und Temperatur steuerbar ist.

So langsam wird klar, wie es letztlich zu dem „Pfälzer-Kartoffel-Miso" oder der Graupenwürze kommt. Die Proteine und Stärken von gedämpften Kartoffeln und Graupen werden mit Salz und dem Koji-Reis versetzt oder mit etwas nicht-pasteurisierter Misopaste, denn sie enthält noch aktive Sporen und Enzyme des „Zauberpilzes", und die Enzyme übernehmen dann den Rest der molekularen Zerlegung.

IHRE EXPERIMENTIERFREUDE WIRD MIT JEDER GELESENEN SEITE WACHSEN.

Haben Sie jetzt Lust auf Kichererbsenmiso? Oder Lupinenmiso? Und wer hält Sie davon ab, die Misomethode einmal in der Kombination mit gekochtem Fleisch und gedämpftem Mais und Kindeybohnen zu versuchen? Mit ordentlich Chili? Etwa als mexikanisches „Chili con Carne-Miso"? Ganz ohne genaue Rezeptvorschrift? Nach der Lektüre dieses Buches kein Problem, Sie werden viele neue Ideen bekommen, denn beim Schmökern wird Ihre Experimentierfreude mit jeder gelesenen Seite wachsen.

Claudia Zaltenbach, Foodbloggerin, Reisejournalistin, begeisterte Köchin und Genießerin, entführt Sie in diesem Buch in die Welt des Misos, reist mit Ihnen durch Japan und Korea zu diversen Produzenten und natürlich fehlt ein Kapitel über das mittlerweile legendäre „Schwarzwaldmiso" auch nicht. Sie finden die richtigen Tipps, geniale und überraschende Rezepte, die auch vor Miso und *umami* in Desserts nicht Halt machen. Die eigenen Kreationen der Autorin werden tatkräftig mit Rezepten hochdekorierter Küchenmeister wie *Tanja Grandits, Ludwig Maurer* und *Kudo Chiori* ergänzt. Und der „Münchner Japaner" *Tohru Nakamura* verbindet die Kochkulturen in einem außergewöhnlichen Rhabarber-Umeboshi-Dessert, flankiert von einem Miso-Soufflé.

Mit „Miso" legt *Claudia Zaltenbach* ein lehrreiches und lustmachendes Koch-, Reise- und Informationsbuch zu Miso, *umami* & Co vor, dessen bewusster Weg in den Kochtöpfen und Kochköpfen unserer Breitengrade gerade erst begonnen hat.

EINLEITUNG

von Claudia Zaltenbach

Essen und die Entdeckung verschiedenster Küchen der Welt waren schon immer meine Leidenschaft. Mitte der Achtziger Jahre lebte ich eine Zeitlang in New York und war zum ersten Mal in meinem Leben ganz nah an den Länderküchen. Es gab einfach alles: afrikanische, indische, koreanische, japanische Restaurants. Was noch fehlte, war meine Neugier und die hatte ich mitgebracht. Zu jener Zeit gab es in meiner Heimatstadt eine sehr überschaubare Anzahl an exotischen Küchen. Sie beschränkte sich auf zwei chinesische Restaurants mit annährend identischer Karte. Ansonsten gab es griechische, italienische Restaurants und ein serbisches. Als ich zum ersten Mal in New York ein japanisches Restaurant besuchte, konnte ich noch nicht erahnen, dass ich dort einen Geschmack entdecken würde, der mich mein Leben lang nicht mehr loslassen sollte: Miso. Angefangen mit der inzwischen bekannten Misosuppe und einem Salatdressing, das sich so sehr von der klassischen Vinaigrette unterschied, dass ich völlig fasziniert davon war. Dabei fiel es mir schon damals schwer, den eigentlichen Geschmack von Miso zu beschreiben. Herzhaft? Salzig? Unbekannt? Denn darüber hinaus war Miso noch viel mehr. Ich hatte weder eine Idee, was es genau war, noch war mir klar, wie es hergestellt wurde. Heute, viele Jahre später, weiß ich zum Glück mehr über dieses Produkt, das damals meine Geschmacksnerven für immer geprägt hat.

MISO BEDEUTET „QUELLE DES GESCHMACKS"

Miso, das wörtlich übersetzt im Japanischen „Quelle des Geschmacks" heißt, ist eine fermentierte Sojabohnenpaste. Ihr Ursprung liegt im Dunkeln und es wird heute von Experten vermutet, dass diese Paste von China aus im siebten Jahrhundert nach Japan gekommen ist, wo sie zu einem der wichtigsten Bestandteile der japanischen Küche wurde. Fermentation wird in allen Kulturen zur Haltbarmachung oder Veredelung von Speisen verwendet. Hierzulande zum Beispiel bei der Herstellung von Sauerkraut, Matjes, Bier und Wein. Wer also wie ich lange keine Berührung mit Miso hatte, sei es, weil kein japanisches Restaurant in der Nähe war, oder weil man die in den Siebziger Jahren aufkeimende Welle der Makrobiotik aus Altersgründen nicht mal im Ansatz mitbekam, musste lange warten, um Miso endlich näher kennenzulernen.

Miso-Fässer für Hatcho Miso in der Aichi Präfektur, Japan

DIE MAKROBIOTEN SIND AUS DER MODE GEKOMMEN

Essen und Nahrung haben heute einen besonderen Stellenwert. Wir sprechen heute über vegane, vegetarische, low-carb Ernährung und sogenannte Superfoods. Die Erfahrungen der Makrobiotik tauchen da nur am Rande, wenn überhaupt auf. Ihr jedoch ist es zu verdanken, dass erstmals das Thema Miso einer breiteren Masse im Westen vorgestellt wurde. Das erste Buch, und das annähernd einzige, erschien Mitte der 1970er Jahre. Damals war es jedoch schier unmöglich, sich die Zutaten zur Herstellung von Miso oder fertiges Miso zu besorgen.

Historische Miso-Fässer

Heute jedoch, wo sich viele Spitzenköche überall auf der Welt wieder auf traditionelle Herstellungsmethoden wie die Fermentation besinnen, wo regionale und saisonale Produkte im Fokus stehen, da ist Miso plötzlich wieder aufgetaucht.

In meinem Fall bedurfte es aber noch eines *zweiten* „Erweckungserlebnisses", um zu verstehen, was Miso alles kann. Der Auslöser war eine einfache Tomaten-

Miso, wie es in speziellen Geschäften in Tōkyō verkauft wird

Daenjang, wie Miso in Südkorea genannt wird, reift im Freien in großen Tontöpfen

suppe. 2013 besuchte ich zum ersten Mal die *Biofach* in Nürnberg, eine internationale Bio-Messe. Die ist zwar grundsätzlich nur für Fachbesucher geöffnet, doch durch das Schreiben meines Food-Blogs bekam ich die Möglichkeit, mich zu akkreditieren. Schließlich wollte ich über die neuen Trends in Sachen biologischer Ernährung schreiben. Die Halle mit den internationalen Ausstellern wirkte dabei wie ein Magnet.

HUNGER NACH MEHR ...

Japan war mit mehreren Ständen vertreten, überall gab es Sake, Tofu und eben auch Miso in Bioqualität zu probieren. Und es gab eine Tomatensuppe – mit Miso. Wir kennen alle den Geschmack von Tomatensuppe. Der ist im Gehirn relativ einfach abrufbar. Ich probierte also die Suppe mit etwas braunem Miso darin und es machte „Bäng!". Als hätte etwas die Intensität der Tomaten auf eine völlig neue Ebene gehoben, wie bei einer Suppe aus vollreifen Tomaten und doch anders. Intensiver, würziger, vollmundiger. Da war eine süßlich-salzige Note, die alles runder machte. Und diese simple Demonstration verschlug mir einfach die Sprache. Nachdem ich die Tomatensuppe probiert hatte, ging es mit einer Mayonnaise mit Miso weiter, ein Pesto mit Miso folgte. Alles Klassiker, die wir tagtäglich in unserer Küche verwenden. Und alles schmeckte irgendwie nochmal besser.

Daraufhin begann ich, mit Miso zu experimentieren: Mischte es mit Honig, Ahornsirup, gab es in Suppen, zu Fleisch – Miso mit Hackfleisch ist grandios –, marinierte Gemüse und Fisch darin. Je tiefer ich ins Experimentieren einstieg, desto mehr wollte ich entdecken. Hieß es doch immer, braune Butter, also Nussbutter, sei die Geheimwaffe in der Küche schlechthin, schubste ich diese nun von ihrem Thron und ersetzte sie durch Miso. Miso schmiegte sich an alles an, setzte geschmackliche Akzente, harmonisierte und öffnete neue Dimensionen.

Ich begann, die unterschiedlichen Sorten von Miso zu entdecken, lernte, wozu ein helles Miso am besten passt und wann der Geschmack durchaus kräftiger sein kann. Wie lange es fermentiert wurde, spielt beispielsweise eine wichtige Rolle. Je mehr ich Miso kennenlernte, desto mehr wollte ich darüber wissen. Es half alles nichts, ich musste zum Ursprung von Miso: nach Japan. Als ich dort zum ersten Mal in einem Geschäft stand, das Miso verkauft, präsentiert

Jahrhundertealte Aufzeichnungen eines Miso-Meisters in Japan

in großen Holzbottichen, nahm ich so viel mit, dass es fast meinen Koffer sprengte.

Ich entdeckte die feinen Unterschiede zwischen den unterschiedlichen Arten und Regionen, aus denen Miso kommt. Und es kam, wie es vermutlich kommen musste. Ich wollte noch mehr über die Herstellung wissen und das machen, womit sich beispielsweise auch das Nordic Food Lab, Ideenbrutstätte von einem der besten Köche der Welt, *Rene Redzepi* aus Kopenhagen, beschäftigt. Nämlich Miso selbst herstellen. Klassisch aus Sojabohnen, aber auch aus Erbsen und Hirse. Fortan sprach ich also mit den Produzenten von Miso in Japan und Korea darüber, sie zu besuchen, um alles über Miso zu lernen. Meine Reisen führten mich in Japan in die Berge um Nagano (s. S. 36), in die Aichi Präfektur (s. S. 106), nach Okinawa, Südkorea (s. S. 60) und Taiwan. Ich durfte den Miso-Meister, mit mehr als 40 Jahren Berufserfahrung, bei einem der größten Miso-Produzenten Japans kennenlernen und bekam von ihm meine ersten Schimmelsporen für die Herstellung von Miso geschenkt. Ich besuchte in Tōkyō ein Restaurant, das ausschließlich Gerichte mit Miso anbietet und dessen Besitzer sich bereits sein Leben lang mit Miso beschäftigt. So hat Miso mich immer weiter geführt, hat mich Menschen kennenlernen lassen, die sich mit Leidenschaft dem Thema nähern, es leben und mit anderen teilen.

HIER SOLL MISO DIE BÜHNE BEKOMMEN, DIE ES VERDIENT

Diese Leidenschaft und das Wissen, das ich dabei sammeln durfte, will ich nun weitergeben. Ich möchte dazu ermutigen, sich Miso anzunähern, es vielleicht sogar selbst herzustellen. Deshalb habe ich mich bewusst bei meinen Rezepten nicht auf die japanische, koreanische Küche beschränkt, sondern will vielmehr zeigen, welches geschmackliche Potenzial in Miso steckt. Einflüsse aus der Karibik, den nordischen Ländern, dem Mittelmeerraum sind genauso vertreten wie die asiatischen. Neben seinen vielen gesundheitlichen Vorteilen soll Miso hier die Bühne bekommen, die es verdient. Ein Superfood, eine Geschmacksrevolution, eine nicht mehr wegzudenkende Zutat in unserer Küche.

Viel Spaß mit diesem Buch!
Ihre Claudia Zaltenbach

Einfach ausgedrückt ist Miso fermentierte Sojabohnenpaste. Aber einfach ist es ja bekanntlich nie. Miso ist so komplex, so vielseitig und einzigartig, dass es mehr als dieser kurzen Erklärung bedarf. Gerne wird Miso mit Parmesan verglichen. Beide Produkte sind salzig, vielschichtig im Geschmack und bestehen beide aus einfachen Zutaten. Milch, Salz und Bakterien im Fall von Parmesan, Soja oder andere Getreide, Reis, Bakterien und Salz im Fall von Miso. Was das Endprodukt in beiden Fällen auszeichnet, ist seine Fermentation. Während dieser Zeit entwickelt sich ein einzigartiger Geschmack. Und je länger dieser Prozess der Mikroorganismen dauert, desto intensiver wird er.

Miso auf eine Zutat für Miso-Suppe zu reduzieren, wäre wie wenn man Parmesan nur zum Überstreuen von Nudeln verwenden würde. Doch selbst so lapidar betrachtet, erkennt man im Falle des Käses, dass dieser den Nudeln dazu verhilft, besser zu schmecken. Und so verhält es sich auch bei Miso. Rührt man diese Paste in heißes Wasser, bekommt man eine geschmackvolle Suppe. Doch welche Möglichkeiten eröffnen sich darüber hinaus!

Die Unterschiede zwischen den Miso-Sorten sind groß, sie reichen von hellem, fast weißem Miso, das süßlich schmeckt und sehr fein ist, bis zu dunklen, fast schwarzen Sorten, bei denen warme erdige und schokoladige Noten dominieren. In Japan, wo es mehr als 1000 Miso-Hersteller gibt, bestehen große regionale Unterschiede zwischen den einzelnen Varianten. Jede hat ihr eigenes Mischungsverhältnis der Zutaten. Die Anteile von Soja, Reis und Salz variieren. Eine japanische Website über Miso spricht sogar von 1300 Sorten, die es allein in Japan geben soll.

WOHER KOMMT MISO?

Die Ursprünge des Miso verlieren sich ein wenig im Dunkel der Geschichte. Vorläufer davon wurden etwa 500 v. Chr. in China entwickelt und im 7. Jahrhundert mit dem Einzug des Buddhismus nach Japan gebracht. In der *Heian Periode* (8.–12. Jh.) war Miso lediglich den Eliten und Mönchen vorbehalten, wo es jedoch weniger als Gewürz verwendet, sondern einfach so gegessen wurde. In den darauffolgenden Jahrhunderten bis zum Beginn des 15. Jahrhunderts wurde Miso als Zutat für Miso-Suppe immer populärer und diente als „Kraftfutter" für die Samurai. Zunehmend begannen auch die einfachen Bauern ihr eigenes Miso herzustellen, jedoch war der polierte Reis noch immer ein Produkt für die obersten Stände. Das niedere Volk musste sich mit Hirse und Gerste begnügen.

In den folgenden Kriegsjahren wurde Miso als energiereiches Lebensmittel immer wichtiger und die Methoden der Herstellung wurden verfeinert. Mit Beginn der *Edo Periode* (17.–19. Jh.), in der sein Einfluss auf die Küche und der

WAS IST MISO?

„IN VIELERLEI HINSICHT IST MISO FÜR DIE JAPANISCHE KÜCHE DAS, WAS DIE BUTTER FÜR DIE FRANZÖSISCHE KÜCHE IST ODER OLIVENÖL FÜR DIE ITALIENISCHE.“

(Shizuo Tsuji in Japanese cooking: A Simple Art)

Reichtum der Kaufleute wuchsen, eröffneten auch die ersten Miso-Geschäfte in Tōkyō (damals noch Edo genannt) und Kyōto. In den 1960er-Jahren, als der Austausch zwischen Ost und West größer wurde, und nicht zuletzt dank der populär gewordenen Lehre der Makrobiotik, wurde auch Miso im Westen immer gefragter. Der Exportanteil von Miso wächst seit dieser Zeit kontinuierlich.

WAS MACHT SOJABOHNEN ZU MISO?

Würde man gedämpfte Sojabohnen mit gekochtem Reis mischen und dem Ganzen noch etwas Salz hinzufügen, würde genau Folgendes passieren: Nichts. Vermutlich würde die Mischung vertrocknen und zu einem festen Klumpen werden. Erst wenn ein Schimmelpilz ins Spiel kommt, wird daraus feines Miso. Schimmelpilze und Bakterien sind die Hauptakteure im Fermentationsprozess. Fermentation ist das Resultat mikrobiologischer Aktivität und steuert dem Endprodukt eine Unmenge an Geschmack, Aroma und Textur bei. Wein, Bier, Brot, Sauerkraut – nennen wir sie die Erfolgsgeschichten der Fermentation.
Jetzt stehen wir naturgemäß den Schimmelpilzen nicht gerade wohlwollend gegenüber, keiner von uns freut sich, wenn Früchte, die wir gekauft haben, am nächsten Tag mit einem grünlichen Schimmel überzogen sind. In Räumen können wir ihn schon gar nicht leiden. Er hat es also nicht gerade leicht, geliebt zu werden. Vielleicht hilft es ein wenig, an seine Lieblings-Käsesorte zu denken, denn auch hier ist es schließlich ein Schimmelpilz, der aus einem Milchprodukt etwas Einzigartiges macht. Der Schimmelpilz, der aus Reis *Koji* macht, ist *Aspergillus flavos var. oryzae*. Wird er gedämpftem Reis hinzugefügt, entwickelt sich unter kontrollierten Bedingungen ein flaumiger Pelz auf den Reiskörnern. Die schimmelüberzogene Masse, die weiß oder grünlich ist, wird *Koji* genannt. Die deutsche Sprache kennt keinen entsprechenden Begriff dafür. Es gibt Firmen, die sich der Kultivierung von Pilzsporen verschrieben haben. Unabhängig davon sind wir immer und ständig von Schimmelpilzsporen umgeben. *Aspergillus oryzae* lauert im Reisstroh und wartet nur auf die optimalen Bedingungen von Temperatur und Luftfeuchtigkeit, um sich auf den Reis zu stürzen und ihn zu verwandeln.
Irgendwann hat vermutlich jemand von dem verschimmelten Reis, der mit diesen Sporen in Berührung gekommen ist, probiert und festgestellt, dass der flaumige Reis sehr süß schmeckte.

WAS PASSIERT, WENN DER REIS MIT DEN PILZSPOREN IN BERÜHRUNG KOMMT?

Koji löst sozusagen das Reis-„Problem". Denn Reis ist zwar ein großartiger Stärkelieferant, aber es fehlt ihm an entsprechenden Enzymen, um die Stärke in Zucker umzuwandeln. Im Prinzip funktioniert es wie bei der Gerste, wenn diese gemälzt wird. Beim Mälzen entstehen die Enzyme, welche später beim Maischen die Stärke in Zucker umwandeln. Wir alle kennen das Ergebnis in Form von Bier. Nur dass beim Reis der Schimmelpilz die ganze Arbeit für uns macht. Die unterschiedlichen Pilzsporen der Aspergillus-Familie werden übrigens je nachdem, welches Miso gemacht wird, ausgewählt. Auch bei der Herstellung von *Sake*

spielen sie eine Schlüsselrolle und tragen entscheidend zu seinem Geschmack bei. Zudem verdanken Sojasauce und Mirin diesen Edelschimmelpilzen ihr besonderes Aroma.
Die fortschreitende Arbeit der Enzyme von *Aspergillus* erkennt man am Flaum, der aus dem Reiskorn wuchert und der *Hyphen* (aus dem Griechischen für „Gewebe") genannt wird. Fadenförmige Zellgebilde, die aus dem Nährboden, dem Reiskorn, herauswachsen. Eines dieser Enzyme ist *Amylase*. *Amylase* ist in der Lage, langkettige Stärken in kleine Stückchen aufzubrechen, also in Zucker umzuwandeln.
Ein anderer Vertreter der Enzyme, die *Protease,* macht sich daran, die im Reis enthaltenen Proteine und *Peptide* abzubauen. *Proteasen* sind wichtig für den Protein-Stoffwechsel. Der Effekt ihrer Arbeit tritt jedoch meist im zweiten Stadium der Miso-Fermentation ein, wenn die proteinhaltige Sojabohne ins Spiel kommt. Hier ist die *Protease* ein entscheidender Protagonist, wenn es um den Geschmack geht, denn sie sorgt in erster Linie dafür, dass die in eiweißhaltigen Lebensmitteln natürlich enthaltenen Glutamate freigesetzt werden.

Aber auch die Sojabohne bringt einige wirklich nützliche Mikroben mit. Eine davon ist eine Hefe, genannt *Zygosaccharomyces,* die andere ist ein Milchsäure-Bakterium mit dem Namen *Tetragenococcus,* eine „lebendige" Joghurtkultur und beispielsweise verantwortlich dafür, dass das Wasser im Essiggurkenglas sich eintrübt. Dieses großartige Bakterium produziert eine Vielzahl von Säuren, die den Geschmack von Miso deutlich mitprägen. *Zygosaccharomyces* hingegen bewirkt zusammen mit den *Proteasen* des *Koji* die Umwandlung von Proteinen in *Peptide* und Aminosäuren. Eine dieser Aminosäuren ist Glutaminsäure – das, was Miso so „lecker" macht.

Je länger also das Miso reift, je länger seine Bestandteile arbeiten dürfen, desto intensiver wird sein Geschmack.

PASTEURISIERT ODER UNPASTEURISIERT?

In der industriellen Miso-Herstellung wird der mikrobiologische Prozess durch die Zugabe von Alkohol gestoppt. Das macht das Miso „kontrollierbarer" und es ist somit besser für den Transport geeignet. Es liegt jedoch auf der Hand, dass Miso gerade wegen seiner probiotischen Aktivität den größten Nutzen für unsere Gesundheit hat. Wer also in den Genuss des kompletten Wirkungsspektrums von Miso kommen möchte, sollte unpasteurisiertes Miso kaufen und darauf achten, welche Zutaten auf dem Etikett angegeben sind.

WIE BEWAHRE ICH MISO AUF?

Miso ist nahezu unbegrenzt haltbar (auch wenn immer ein Mindesthaltbarkeitsdatum angegeben sein muss) und kann an einem kühlen Ort über Jahre aufbewahrt werden. Es wird höchstens noch ein bisschen dunkler. Es einzufrieren ist nicht sinnvoll, denn das darin enthaltene Salz bindet so viel Wasser (neben noch einigen anderen niedrigmolekularen Substanzen), dass es weitaus niedrigerer Temperaturen bedarf – um die −80 °C –, um Miso fest werden zu lassen. Zu diesen Temperaturen ist der in unserer Küche übliche Tiefkühler nicht in der Lage.

DIE VERSCHIEDENEN ARTEN VON MISO

Wer Miso entdecken möchte, begibt sich auf eine lange Reise, denn die Variationen von Miso sind schier unendlich. Das kann man ziemlich gut mit Wein vergleichen, wo bestimmte Anbaugebiete mit besonderen Trauben für einen bestimmten Wein stehen. Jede Traubensorte stellt eigene Anforderungen an Böden und Klima. Gleiches gilt für die Regionen Japans, die jeweils für eine eigene Miso-Sorte und ein besonderes Getreide stehen. Will man sich also Miso nähern, so ist die Getreidesorte der erste Anhaltspunkt.

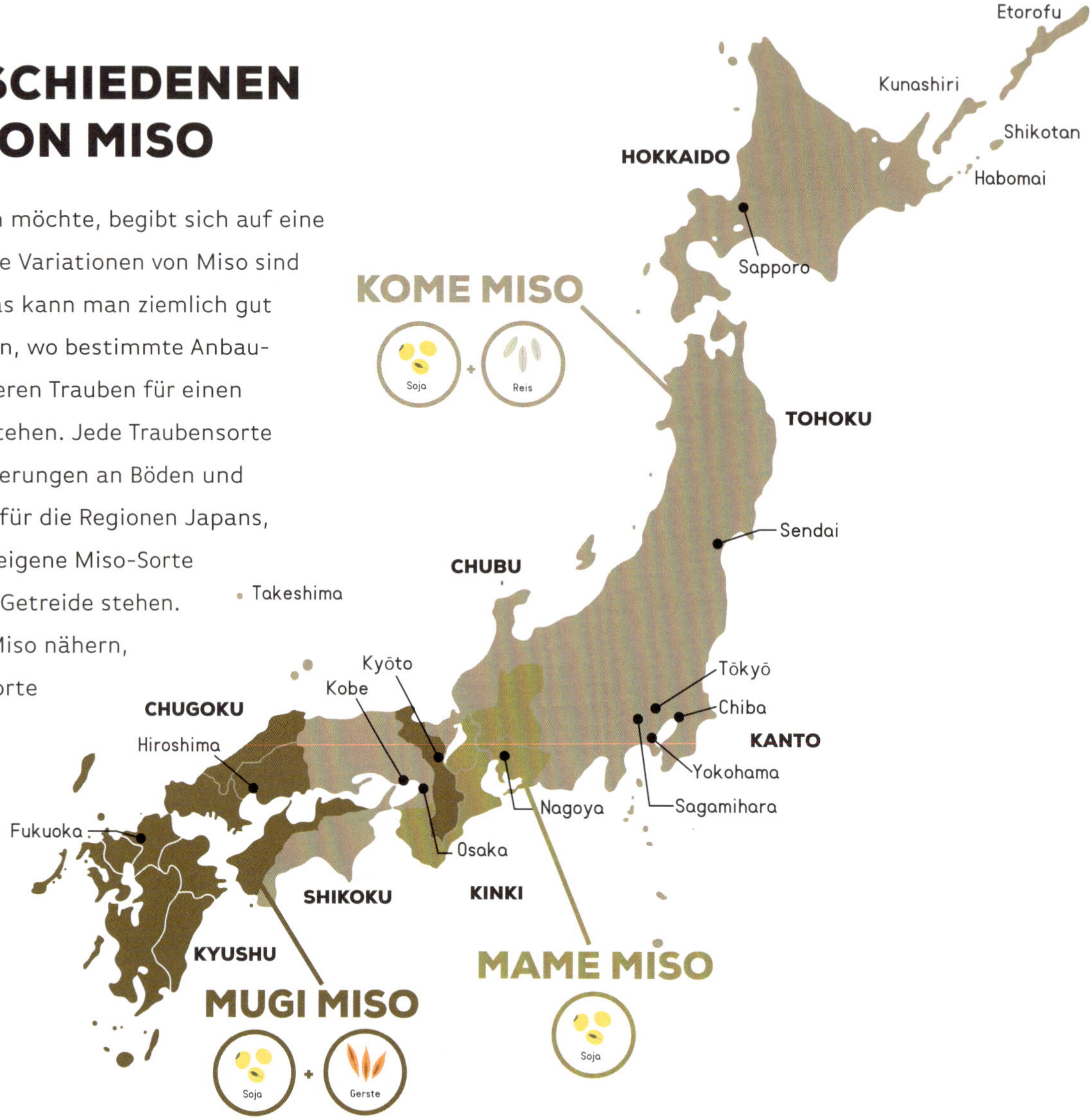

Je nachdem ob das Miso aus Reis und Sojabohnen, aus Gerste und Sojabohnen oder nur aus Sojabohnen besteht, spricht man von *Kome*, *Mugi* und *Mame* Miso. Diese drei Arten bilden die Überkategorien der vielen Miso-Sorten.

Kome Miso

Dies ist das in Japan (und sicherlich dem Rest der Welt) am weitesten verbreitete Miso. Es besteht aus ***Sojabohnen*** und ***Reis***. Die Sojabohnen werden gekocht und mit *Koji* (Reis, der mit dem Pilz *Aspergillus oryzae* geimpft wurde) vermischt. Das Mischungsverhältnis ist ausschlaggebend für die Fermentationsdauer, Farbe und den Geschmack. Oft spricht man hier auch von Reis-Miso.

Mugi Miso

Anstelle von Reis wird hier ***Gerste*** verwendet. Diese wird, wie auch der Reis, mit einem Pilz geimpft und dann ebenfalls mit gekochten Sojabohnen vermischt. Die Gerste ist weniger stärkehaltig als Reis und die Fermentationszeiten sind länger als bei Reis-Miso. Es ist ausgewogen, kräftig und leicht malzig im Geschmack. Hergestellt wird es in der *Kyushu, Shikoku* und der *Chugoku*-Region im Süden Japans. Der Anteil an der gesamten Miso-Produktion Japans beträgt etwa 11 %.

Mame Miso

Für dieses Miso werden ***ausschließlich Sojabohnen*** verwendet. Sein Geschmack gilt als besonders *umami* und es bedarf langer Fermentationszeiten. Es ist als besonders edel und kostbar bekannt. Mengenmäßig hat es den kleinsten Anteil an der gesamten Miso-Produktion.

MISO-SORTEN

Manche möchten sicher wissen, welches Miso das richtige für ein bestimmtes Gericht ist. Und auch wenn ich in diesem Buch Empfehlungen gebe, so ist es doch jedem selbst überlassen, auf Entdeckungsreise zu gehen. Jedes Miso hat einen anderen Ausdruck, andere Aromen und eine andere Farbe. Da sie alle schier unbegrenzt im Kühlschrank haltbar sind, kann man hier immer wieder variieren, um so die ganz persönliche Lieblingskombination herauszufinden.

Will man Miso ganz vereinfacht kategorisieren, so kann man sich an seiner Farbe orientieren: Helles Miso ist mild, braunes und rotes Miso ist würzig und je dunkler es wird, desto gehaltvoller und würziger wird es. Ganz dunkles Miso ist leicht bitter und hat Aromen von Schokolade und Malz.
Eine Auswahl der bekanntesten Miso-Sorten bietet die folgende Bild-Doppelseite.

Besondere Miso-Sorten

Im Prinzip lässt sich aus jedem Getreide Miso herstellen. Sobald Stärke vorhanden ist, wird diese im Laufe der Fermentation umgewandelt. Kleine, experimentierfreudige Miso-Manufakturen produzieren heute aus den verschiedenen Getreiden und Bohnen neue Miso-Sorten. Sie zu finden, ist nicht ganz einfach, aber wer einmal ein solch exotisches Miso entdeckt, sollte es sich keinesfalls entgehen lassen.
Zu den besonderen Miso-Sorten gehören: ***Gokoku Miso*** (Miso aus fünf „Körnern": Soja, Weizen, Gerste, Echte Hirse und Kolbenhirse), ***Hadakamugi Miso*** (Miso auf Roggenbasis), ***Kibi Miso*** (Hirse-Miso) ***Kinzanji Miso*** (hierbei wird Gemüse mitfermentiert, z. B. Auberginen), ***Natto Miso*** (ein stückiges, mit Ingwer gewürztes Gersten-Miso), ***Sobamugi Miso*** (Buchweizen-Miso), ***Sotetsu Miso*** (Miso auf Palmfarm-Basis, auch als ***Meri Miso*** angeboten), zudem gibt es noch Miso auf Grundlage von Amarant, Adzukibohnen, Kichererbsen, Linsen, Süß-Lupinen und Quinoa. Ein weiterer Begriff, der manchmal auftaucht, ist ***Hishio Miso***, das besonders hochwertige Miso-Qualitäten beschreibt.
Zudem gib es wie beim Wein auch Cuvées oder Blends, bei denen verschiedene Misos miteinander gemischt werden. Außer dem auf der folgenden Seite gezeigten ***Awase Miso***, zählen dazu noch ***Kyozakura Miso*** (Aka und Hatcho Miso) und ***Akadashi Miso*** (Hatcho und Shiro Miso, oft mit Dashi).

Shinshu Miso (gelbes Miso)

Länger fermentiert als *Shiro Miso*, doch mit ähnlich ***hohem Reisanteil***, schmeckt es salziger und kräftiger und wird gerne für ***Suppen*** verwendet. Es gilt als das populärste Miso in Japan.

Aka Miso
(rotes oder rot-braunes Miso)

Auch Aka Miso zählt zu den populärsten Miso-Sorten Japans. Es reift bis zu zwei Jahre. Aka Miso besteht zu 70 % aus ***Sojabohnen*** und 30 % ***Reis*** mit ca. 13 % ***Salzanteil*** und gilt als das Miso mit dem höchsten Proteinanteil. Es wird meist ***zum Marinieren*** von Fleisch und für ***kräftige Suppen*** verwendet.

Shiro Miso (weißes Miso)

Shiro Miso ist das leichteste und vielleicht auch das vielseitigste Miso. Der ***Reisanteil*** ist hier am höchsten und sein Geschmack ist lieblich mild. Es wird häufig für ***Dressings*** und ***Suppen*** verwendet und gilt als das ideale Einsteiger-Miso.

Ebenfalls ein weißes Miso ist

Saikyo Miso

mit ***hohem Reisanteil*** und ***niedrigem Salzgehalt***, das eng mit der Hochküche *Kyōtos* verknüpft ist.

Inaka Miso

Inaka steht im Japanischen für rustikal und ländlich. Damit wird Miso in sehr ursprünglicher Form bezeichnet, wie es auch heute noch in Privathaushalten hergestellt wird. Für dieses Miso gibt es ***kein definiertes Mischungsverhältnis.*** In der Regel besteht es aus ***Reis*** und/oder ***Gerste*** und ***Sojabohnen.***

Mugi Miso

Anstelle von Reis wird hier ***Gerste*** mit dem Kojipilz geimpft. Von allen klassischen Miso-Sorten ist *Mugi Miso* das Jüngste und kommt aus den südlichen Präfekturen Japans. Es wird bis zu drei Jahre fermentiert. Sein Geschmack ist kräftig-malzig und seine Farbe variiert von mittelbraun bis dunkelbraun. Verwendet wird es oft in ***Suppen*** und ***Eintöpfen***.

Awase Miso

(Reis- und Gersten- Miso)

Awase Miso – eine Miso-Cuvée – wird aus ***Reis*** und ***Gerste*** gemischt, die gemeinsam reifen. Die Kunst hierbei ist, durch die unterschiedlichen Mischungsverhältnisse (Blends) besondere Geschmacksrichtungen zu erzielen. Es wird wie die gängigen Miso-Sorten verwendet.

Genmai Miso

Im Gegensatz zum geschälten Reis, der üblicherweise in Kome Miso verwendet wird, kommt hier ***ungeschälter, brauner Reis*** zum Einsatz. Meist ist die Farbe hell- bis mittelbraun und der Geschmack angenehm würzig.

Hatcho Miso

In Japan das edelste Miso von allen! Es wird für seine gesundheitsfördernde Wirkung gepriesen. Es besteht rein aus ***Sojabohnen*** und hat eine tief dunkle Farbe. In früheren Zeiten war es fester Bestandteil der Armeeversorgung. Seine Herstellung ist besonders spektakulär, da die Fässer, in denen Hatcho Miso reift, mit großen Steinen beschwert werden. Die Reifezeit beträgt mindestens drei Jahre. Seine Konsistenz ist weniger cremig als bei anderen Miso-Sorten. Sein Geschmack ist vollmundig mit Schokoladenaromen, einer leichten Bitterkeit und Malzbiernoten. Verwendet wird es für besondere ***Dips***, ***Fleisch*** und ***kräftige Suppen***.

MISO-BUTTER

70 g Butter, zimmerwarm
1 EL Hatcho Miso (s. S. 17)

1 Mit einer Gabel das Miso unter die weiche Butter rühren. Vor dem Servieren kalt stellen.

TIPP: *Für dieses Rezept eignen sich alle Miso-Sorten. Raffiniert im Geschmack ist z. B. Kichererbsen-Miso.*

PASST ZU: *gegrillten Maiskolben, Jakobsmuscheln, gebratenen Pilzen, Toastbrot*

MISO-MAYONNAISE

1 Ei
200 ml neutrales Sonnenblumen- oder Rapsöl
1 TL Dijon-Senf
½ Zitrone, Saft
1 EL Shiro Miso (s. S. 16)

1 Alle Zutaten in einen hohen schmalen Becher geben. Den Pürierstab unten ansetzen und auf höchster Stufe langsam hochziehen.

VARIATIONEN:

- *zwei durchgedrückte Knoblauchzehen für eine Aioli dazugeben*
- *mit geräuchertem Paprikapulver (Pimentón de la Vera, s. S. 157) und Chili oder geriebenem Ingwer verfeinern*

PASST ZU: *Süßkartoffel-Fritten aus dem Ofen, Backfisch, Fischsuppe, hartgekochten Eiern*

MISO CREAM CHEESE

100 g Frischkäse (Doppelrahmstufe)
2 EL Shiro Miso (s. S. 16)
Schnittlauchröllchen oder Frühlingszwiebel, Grün, fein geschnitten

1 In einer kleinen Schüssel das Miso mit einer Gabel unter den Frischkäse mischen und mit den Schnittlauchröllchen oder der feingeschnittenen Frühlingszwiebel bestreuen.

VARIATIONEN:

- *mit etwas Kurkuma verfeinern*
- *fein gehackten Sushi-Ingwer unterrühren*

PASST ZU: *Brot als Aufstrich, Pellkartoffeln, Gemüsesticks als Dip*

MANDELN MIT MISO

An Tamari-Mandeln komme ich im Bioladen kaum vorbei. Tamari ist eine dunkle, kräftige Sojasauce, mit der die Mandeln überzogen sind. Ein herrlicher Snack! Da lag es nahe, das auch mal mit Miso auszuprobieren. Hier empfehle ich, mit den verschiedenen Miso-Sorten und der Röstzeit für die Mandeln zu experimentierten. Miso ist empfindlich, was Hitze angeht, daher sollte die Temperatur so sein, dass es einfach auf den Mandeln trocknet. Die Mandeln schmecken pur oder gehackt über Reisgerichten.

200 g ungeschälte Mandeln
1 TL geschmacksneutrales Öl, z. B. Rapsöl
1 geh. EL Miso nach Wahl, z. B. Aka oder Inaka Miso (s. S. 16)

1. Den Ofen auf 150 °C vorheizen.
2. Das Öl mit dem Miso in einer Schüssel verrühren. Die Mandeln hineingeben und entweder mit den Händen oder mithilfe eines Spatels mit dem Miso überziehen.
3. Auf ein mit Backpapier ausgelegtes Blech legen, dabei darauf achten, dass die Mandeln getrennt voneinander liegen.
4. Etwa 20 Minuten im Ofen rösten.
5. Auf einem Teller auskühlen lassen.

TIPP: *Sehr gut passen hier auch Walnüsse oder Cashewkerne.*

KNUSPRIGE TOFU-LOLLIS

MIT MISO-ERDNUSS-TOPPING

In größeren Asia-Supermärkten gibt es im Kühlregal bereits vorgebratenen Tofu. Manchmal, wenn es ganz schnell gehen soll, dann nehme ich diesen und brate ihn nur noch einmal kurz in der Pfanne an. Dieses vielseitige Topping kann für alles Mögliche verwendet werden: zu Gemüsesticks, Bratlingen oder einfach auf Toast. Im Sommer mag ich es zu weißem Rettich, den ich in dickere Scheiben schneide, mit Salz bestreue, 20 Minuten ziehen lasse und vor dem Servieren abtupfe.

2 EL Cashewkerne
2 EL Erdnussbutter
1–2 EL Aka Miso (s. S. 16) oder
Mugi Miso (s. S. 17)
2 EL flüssiger Honig
3 EL Mirin (japanischer Reiswein)
1 TL Schalenabrieb einer
unbehandelten Orange
300 g fester Tofu
1 EL Öl zum Braten
frische Kräuter nach Geschmack

kurze Holzspieße

1. Die Cashewkerne in einer beschichteten Pfanne ohne Fett rösten. Auskühlen lassen.
2. Die Cashews in einen Gefrierbeutel geben und mit einem Teigroller zerdrücken. Die zerdrückten Kerne mit den Händen auflockern.
3. Die Erdnussbutter mit dem Miso, Honig und Mirin zu einer dicken, glatten Paste verrühren. Die zerdrückten Cashewkerne und die abgeriebene Orangenschale dazugeben. Sollte die Paste zu dick sein, mit einem Esslöffel Wasser verdünnen.
4. Den Tofu in einem Sieb abtropfen lassen. Mit Küchenkrepp abtrocknen und in Scheiben schneiden.
5. In einer Pfanne das Öl erhitzen und die Tofuscheiben darin von beiden Seiten knusprig braten.
6. Die Scheiben auf Spieße stecken, auf einem Teller anrichten und auf jeden Tofu-Lolli einen Klecks Erdnuss-Miso-Topping geben. Nach Geschmack mit frischen Kräutern bestreuen.

Weitere Rezepte mit Tofu sowie spannende Interviews mit Tofu-Produzenten gibt es in meinem neuen Buch „Tofu, Yuba & Okara" (ISBN 978-3-7750-0794-8, Hädecke Verlag).

Das alte Griechenland kannte sieben Geschmacksrichtungen. Neben sauer, süß, bitter und salzig zählten auch adstringierend (zusammenziehend), hart und scharf zu den Geschmacksbeschreibungen. Über viele Jahrhunderte änderte sich daran in der westlichen Welt wenig. Irgendwann verabschiedete man sich dann wieder von den letzten Dreien, da sie eher eine Wirkung beschreiben, aber nicht „echten" Geschmack. Viele von uns kennen vielleicht noch die lustigen Illustrationen unserer Zunge, bei denen jedem Teil eine bestimmte Geschmackswahrnehmung zugeschrieben wird. Diese Vorstellung ist heute überholt, denn Wissenschaftler haben inzwischen nachgewiesen, dass wir mit allen Teilen der Zunge bzw. mit jeder Papille das Gleiche schmecken können.

In Asien, ganz besonders in Japan und China, wurde schon lange zuvor über einen fünften Geschmack diskutiert, der 1909 den Namen *umami* bekam. Das neue japanische Wort setzte sich zusammen aus *umai*, was köstlich bedeutet, und *mi*, was soviel wie Essenz oder Geschmack heißt. Beschrieben wurde es erstmals von dem japanischen Forscher *Ikeda Kikunae*. Gerne werden hier auch Begriffe wie „fleischig" und „herzhaft" synonym verwendet.

In der westlichen Welt gibt es für diesen Geschmack keinen Begriff, der *umami* nahekommt. Sind wir gezwungen, ein Stück Parmesan, ein Steak oder eine Tomate geschmacklich zu beschreiben, so gehen uns hier schnell die Worte aus. Lecker, würzig, reichhaltig wären da vielleicht noch dabei. Im Fall des Käses kommen wir sicher schnell auf die Salzigkeit zu sprechen, doch das allein beschreibt noch nicht das ganze Geschmackserlebnis.

Die Wahrnehmung eines Geschmacks ist wichtig, denn in der Regel erzählt er uns viel darüber, was das „Erlebnis" Nahrung für uns bereithält.

SÜSS – erzählt uns, dass das Essen aller Wahrscheinlichkeit nach Zucker oder verstoffwechselte Stärke enthält und somit ein schneller Energielieferant ist.

SALZIG – unser Elektrolythaushalt verlangt nach Salzen, die ernährungsphysiologisch als Mineralstoffe bezeichnet werden. Ohne z. B. Natrium oder Kalium könnten unsere Zellen nicht richtig funktionieren.

BITTER – hier schrillt die Alarmglocke. Denn Bitter steht für toxische Alkaloide, d. h. wir könnten uns möglicherweise vergiften. Bitterstoffe in zum Verzehr geeigneten Lebensmitteln sind allerdings außerordentlich gesund. Und die bei vielen noch vorhandene Abwehr gegen diesen Geschmack könnte auch daran liegen, dass genau diese Komponente über Jahrzehnte aus Gemüse herausgezüchtet wurde und wir es heutzutage nicht mehr so gewohnt sind.

WAS IST EIGENTLICH UMAMI?

Japanischer Snack: eher neutral schmeckende Stärke-Lollis mit würziger Hatcho-Miso-Sauce.

SAUER – sendet ähnlich wie Bitter oftmals Warnsignale aus, die uns davor bewahren sollen, unreife Früchte zu essen.

HERZHAFT – diese Wahrnehmung signalisiert uns, dass hier Proteine und Aminosäuren im Spiel sind, also wertvolle Nahrungsbestandteile. Je reifer eine Nahrung ist, desto höher ist der Anteil an *umami*. Es mag also durchaus einleuchtend klingen, dass wir genetisch darauf programmiert sind, bei *umami* zuzugreifen.

Genauer betrachtet

Hinter *umami* verbirgt sich das Protein Glutaminsäure, die zu den Aminosäuren zählt. Umgangssprachlich verwendet man hier gerne den Begriff „Geschmacksverstärker" – und damit ist man schnell in einer ganz bösen Ecke gelandet. Die Dämonen des industriellen Fast Foods werden auf den Plan gerufen. Glutamat! Das Unwort taucht plötzlich wieder auf. Und doch wurde nachgewiesen, dass bereits in der Muttermilch ganz viel *umami* enthalten ist. Diese Glutaminsäure ist einfach überall drin, wo es köstlich wird. Die alten Römer schätzten ihre Würzsauce *Garum*, die uns heute immer noch in Form von asiatischer Fischsauce begegnet. Die großen Nahrungsmittelkonzerne haben sich in einem Schulterschluss dazu durchgerungen, auf Geschmacksverstärker zu verzichten, und verstecken sie seitdem hinter dem unschuldigen Wort Hefeextrakt. Alles was mit Hefe, ganz besonders mit Fermentation, zu tun hat, ist voller Glutaminsäure; also voller *umami* und voller Geschmack. Eine *Pasta alla puttanesca* mit Kapern, Tomaten und Sardellen ist eine *Umami*-Bombe. Kommt noch Parmesan drüber, beginnen wir lustvoll zu seufzen. Ein Glas Wein dazu? Herrlich. Da steckt nämlich auch jede Menge *umami* in Form von Hefe drin.
Die Glutaminsäure an sich in Verbindung mit anderen Aminosäuren in Proteinen hat keinen Geschmack. Erst wenn sie durch die unterschiedlichen Prozesse wie Kochen, Räuchern, Fermentieren, Trocknen, Marinie-

ren, Garen freigesetzt wird und sich beispielsweise an Natrium bindet, entsteht *Mononatriumglutamat (E621)*, ein Salz, das aufgrund seiner englischen Bezeichnung häufig als MSG abgekürzt wird. Die darin enthaltenen Glutamat-Ionen werden von den Rezeptoren auf unserer Zunge erkannt – *umami*.
In unserer Nahrung existiert also freies und gebundenes Glutamat. Kuhmilch zum Beispiel besitzt wenig Glutamat, jedoch einen hohen Anteil an gebundenen Glutaminsäuren.

Geschmacks-„Verstärker"?

Das Wort „Geschmacksverstärker" dürfte es eigentlich überhaupt nicht geben, denn es existiert nichts, was in der Lage wäre, einen Geschmack zu verstärken. Ist der Anteil von Glutamat jedoch höher, reagieren die Rezeptoren auf unserer Zunge und das Gehirn empfängt das Signal „lecker".
Wir würden die Zugabe von Sherry an eine Rinderbrühe auch nicht als „Verstärkung" bezeichnen, sondern wählten wohl eher den Begriff „Veredeln". Aber auch das trifft es nicht in jedem Fall, denn wo Licht ist, ist eben auch Schatten. Obwohl nie in einer wissenschaftlichen Studie der Zusammenhang zwischen Glutamat und allergischen Reaktionen nachgewiesen wurde, man hat hier eher das Histamin in Verdacht, ist Glutamat in Verruf geraten. Inwieweit unbestreitbare Probleme bei empfindlichen Menschen direkt mit Glutamat oder eher einer Kombination von verschiedenen Nahrungsbestandteilen zusammenhängen, lässt sich derzeit noch nicht abschließend klären. Doch vielleicht verhält es sich auch hier, wie bei so vielen anderen Inhaltsstoffen unserer Nahrung, die in ihrem natürlichen Vorkommen unschädlich sind, aber herausgelöst bzw. isoliert und dann wieder einem Nahrungsmittel zusätzlich beigemischt Probleme verursachen können. Denn Fakt ist auch, dass Glutamat natürlicherweise in unserem Stoffwechsel eine wichtige Rolle spielt. Was passiert also, wenn ihm diese Substanz in überhöhter Menge und aus „künstlichem" Glutamat angeboten wird? Es bleibt ein schwieriges Thema und muss eben etwas differenzierter betrachtet werden. Schubladendenken hilft auch hier nicht weiter.

Umami und Miso

Um einen Eindruck zu bekommen, wie hoch der Anteil an freiem Glutamat in unserer Nahrung ist, einige Beispiele:

Eine Tomate enthält in unreifem Zustand lediglich 20 mg/100 g freies Glutamat. Beginnt sie, sich langsam Rot zu färben, steigt der Anteil bereits auf 30 mg/100 g. Ist sie ausgereift, wächst der Anteil auf 175 mg/100 g an, um dann im überreifen Stadium über 250 mg/100 g hoch zu sein.

ÜBERSICHT EINIGER FERMENTIERTER LEBENSMITTEL

Lebensmittel	freies Glutamat in mg/100 g
Sojasauce	782 – 1264
Fischsauce	828 – 1383
Miso	500 – 1000
Tempeh	985
Sake	186

Quelle: Ole G. Mouritsen, Klavs Styrbæk, Umami, Columbia University Press 2014 S. 228

CURRY-HUMMUS 1

1 Dose Kichererbsen (400 g)
2 – 3 EL Tahini
ein paar Tropfen geröstetes Sesamöl
1 TL mildes Olivenöl
1 EL Mugi Miso (s. S. 17)
½ Zitrone, Saft, ½ TL Currypulver
½ TL getrocknete Minze
½ TL Kreuzkümmel
etwas scharfes Chilipulver

1. Kichererbsen abtropfen lassen und mit dem Tahini, Sesamöl, Olivenöl, Miso, Zitronensaft und den Gewürzen im Blitzhacker glatt pürieren. Mit Chilipulver abschmecken.

VARIANTE: *Hier passt auch gut frische Minze anstelle der getrockneten sowie frische Petersilie.*

PASST ZU: *Falafel, gegrillten Auberginen, Kebab, Rotkohl Slaw und Fladenbrot als Aufstrich*

WALNUSS-FEIGEN-DIP FÜR ZWEI 2

50 g Walnüsse
4 Feigen, getrocknet
1 EL Mirin
1 TL Shiro Miso (s. S. 16)
80 ml Gemüsebrühe

1. Die Walnüsse in einer beschichteten Pfanne ohne Fett rösten und auskühlen lassen. Die Feigen vierteln.
2. Walnüsse mit dem Mirin, dem Miso und den Feigen in den Blitzhacker geben und mit Gemüsebrühe pürieren.

PASST ZU: *Crackern, Möhrensticks, Trauben-Spießen, jungem Käse und geröstetem Brot als Aufstrich*

MÖHREN-INGWER-DIP FÜR ZWEI 3

4 große Möhren,
geschält und halbiert
1 Schalotte, geschält
2 EL mildes Olivenöl
1 Stück Ingwer, ca. 2 cm, geschält
1 EL Genmai Miso (s. S. 17)
1 Prise Pimentón de la Vera (s. S. 157)
¼ TL Harissa, 2 EL Wasser
etwas Schwarzkümmel
Frühlingszwiebel, Grün,
fein geschnitten

1. Den Ofen auf 200 °C vorheizen.
2. Die Möhren in ca. 1 cm breite Streifen schneiden.
3. Die Schalotte halbieren.
4. Alles auf ein mit Backpapier ausgelegtes Blech legen und ca. 25 Minuten im Ofen auf mittlerer Stufe rösten.
5. Den Ingwer reiben. Die Möhrenstücke und die Zwiebel mit dem Miso, dem Paprikapulver und dem Harissa in einen Blitzhacker geben, Wasser hinzufügen und pürieren.
6. Mit Schwarzkümmel und Frühlingszwiebelgrün dekorieren.

TIPP: *Wer den Dip lieber flüssiger und glatter mag, nimmt einfach etwas mehr Wasser.*

PASST ZU: *geröstetem Graubrot als Aufstrich, kalter oder warmer Hähnchenbrust und gegrillter Zucchini*

2
1

REISFLOCKEN
MIT ORANGE CURD UND SHIRO MISO

Vielleicht ist die Herstellung von Orange Curd nicht ganz passend für das schnelle Frühstück unter der Woche. Aber am Wochenende sind diese Reisflocken, die durch das helle Miso einen subtilen, leicht süß-salzigen Geschmack bekommen, perfekt für einen ausgiebigen Brunch. Und man kann mit verschiedenen Versionen dieses Reis-Porridges spielen: Mal mit einem Löffel Sahnejoghurt, mal das Curd mit gemischten Zitrusfrüchten, mit Körnern darüber, Chiasamen, Nüssen ... der Kreativität sind hier kaum Grenzen gesetzt.

ZUTATEN PRO PERSON

FLOCKEN

40 g Reisflocken
1 TL Shiro Miso (s. S. 16)
1–2 EL Orange Curd
(Rezept siehe unten)
Nüsse oder Samen zum Dekorieren, nach Belieben

1. Die Reisflocken in eine Schüssel geben und mit heißem Wasser aufgießen, so dass das Wasser etwa 1 cm darüber steht. Das Shiro Miso einrühren und quellen lassen. Das Orange Curd esslöffelweise darauf geben und mit Samen oder Nüssen dekorieren.

ORANGE CURD

3 Bio-Orangen, Abrieb und Saft
180 g Zucker
1 EL Speisestärke, gesiebt
3 Eier
100 g Butter, gewürfelt

Das Grundrezept für das Orange Curd ist mehr, als hierfür benötigt wird. Es hält sich im Kühlschrank aber problemlos bis zu einer Woche. Und es schmeckt sowohl als Brotaufstrich, als auch als Kuchenbelag.

2. Die Orangen heiß abspülen und abtrocknen. Schale abreiben, dann die Früchte halbieren und auspressen.
3. In einer Schlagschüssel über dem heißen Wasserbad den Zucker mit der Speisestärke, den Eiern und dem Orangensaft mit dem Handrührer auf niedriger Stufe mischen. Nun die Butter dazugeben und immer weiterschlagen.
4. Nach etwa 15 Minuten beginnt die Flüssigkeit einzudicken. Noch einige Minuten weiterschlagen und dann in sterilisierte Einmachgläser füllen.

JAPANISCHE SENBEI

MIT HATCHO-MISO-GLASUR

Senbei sind unwiderstehliche Reiscracker, bei denen es mir immer wieder schwer fällt, mit Naschen aufzuhören. Wer keine Furikake-Mischung bekommt, kann hier auch einfach nur schwarze und weiße Sesamsaat nehmen.

FÜR CA. 20–25 STÜCK

REISBÄLLCHEN

100 g Rundkornreis, frisch gekocht, auf Zimmertemperatur abgekühlt
240 g Klebreismehl
150 ml Wasser
2 ¼ TL Backpulver
50 ml Pflanzenöl
½ TL Salz

GLASUR

½ TL Hatcho Miso (s. S. 17)
1 TL Sojasauce
1 TL Honig
eine Prise Zucker
1 Msp Harissa

ZUM BESTREUEN

Furikake (japanische Würzmischung mit Sesam, Algen und Salz)

1. Backofen auf 200 °C vorheizen.
2. Den Reis mit dem Klebreismehl, Wasser, dem Backpulver, Öl und dem Salz im Mixer pürieren oder mit der Hand kneten, bis ein homogener Teig entsteht, der vielleicht ein wenig krümelt. Mit Wasserzugaben sollte man hier sehr vorsichtig sein.
3. Den Teig in walnussgroße Kugeln formen und auf ein mit Backpapier ausgelegtes Blech legen.
4. 25 Minuten auf der mittleren Schiene backen.
5. Alle Zutaten für die Glasur mischen, mit einem Pinsel auf die fertigen Cracker auftragen und mit Furikake bestreuen. Nochmals für 5 Minuten in den ausgeschalteten Ofen zum Trocknen geben.

BROTAUFSTRICH

MIT SPINAT, SHIRO MISO UND SEIDENTOFU

Schon so manchem Bioladen habe ich zu kleinem Reichtum verholfen, wenn ich mir meine vegetarischen Brotaufstriche gekauft habe. Kaum gab es eine neue Sorte, musste ich sie sofort probieren. Dabei ist nichts einfacher, als sich seine Brotaufstriche selbst zu machen. Sie mögen zwar wegen der fehlenden Konservierungsstoffe weniger haltbar sein, aber was lecker ist, ist ja auch meist schnell gegessen. Und dem Spiel mit Gewürzen und Ölen sind hier keine Grenzen gesetzt.

1 gute Handvoll Spinat (ca. 60 g)
Salz
300 g Seidentofu
35 ml fruchtiges Olivenöl
1 Knoblauchzehe, geschält, halbiert und den Keim entfernt
2 EL Shiro Miso (s. S. 16)
ein paar frische Korianderblättchen oder Kresse

1. Den Spinat waschen und tropfnass in einen Topf geben. Eine Prise Salz dazugeben und einige Minuten dünsten, bis er etwas zusammengefallen ist.
2. Den Spinat durch ein Sieb abgießen und etwas auspressen.
3. Den abgetropften Tofu mit dem Spinat, dem Öl, dem Knoblauch und dem Miso in einem Mixer glatt pürieren.
4. Nach Geschmack mit klein gehacktem Koriander oder mit Kresse garnieren.

Der Aufstrich hält sich etwa 3 Tage im Kühlschrank.

PASST ZU: *Gemüsesticks oder Brot als Aufstrich.*

Weitere Rezepte mit Tofu sowie spannende Interviews mit Tofu-Produzenten gibt es in meinem neuen Buch „Tofu, Yuba & Okara“ (ISBN 978-3-7750-0794-8, Hädecke Verlag).

Zwei Jahre in Folge besuchte ich im Februar in Nürnberg die *Biofach*, eine große internationale Biomesse. Und jedes Mal galt mein erster Weg den Produzenten aus Japan. Lange bevor ich das Land bereiste, waren sie mein einziger Kontakt zu Miso. Immer am letzten Tag der Messe stand ich also bei *Hikari Miso* am Stand und erkundigte mich nach Kostproben, Hintergründen und ihren Produkten. Im März schrieb ich schließlich dem Präsidenten *Joshu Hayashi* und fragte nach einem möglichen Besuchstermin vor Ort im darauffolgenden Herbst. Die Antwort kam prompt und ich konnte es kaum erwarten.

Der Hauptsitz von *Hikari Miso* ist in *Komagane* in der Präfektur *Nagano*. Hierher kommt man nur mit dem Auto oder dem Bus. Busfahren ist in Japan sehr beliebt, die Busse sind komfortabel und man hat die Gelegenheit, die außergewöhnlichen Autobahnraststätten kennenzulernen. Weit entfernt von dem, was wir im europäischen Raum gewohnt sind, kann man diese Raststätten eher mit einem Markt vergleichen. Große Zelte sind davor aufgebaut, in denen gigantischen Suppentöpfe mit Nudelsuppe vor sich hin brodeln. Kaum hält der Bus an, rennen alle los, um sich mit Proviant einzudecken. Vorsichtshalber nannte ich dem Busfahrer meine Endstation, denn je mehr wir in Richtung der Berge fuhren, desto mehr hatte ich das Gefühl, dass ich langsam die einzige Langnase bin, die in diese abgelegene Region fährt. Und sollte der Name auf dem Bushäuschen lediglich auf Japanisch angezeigt werden, würde es ziemlich sicher sein, dass ich meine Haltestelle verpasste.

Es war in der Tat nur ein kleines Bushäuschen, an welchem mich der Busfahrer aussteigen ließ, und es dauerte keine Minute, dann stand ich allein neben dem Highway, ringsherum nur Berge. Ich rief die Nummer an, die eine Mitarbeiterin von *Hikari* mir gegeben hatte, und wurde abgeholt. Der junge Mann, der fließend Englisch sprach, hieß mich herzlich willkommen und fuhr mich zu meinem *Ryokan*. So nennt man dort traditionelle Gasthäuser, die anstelle von richtigen Betten Matten auf dem Boden verteilt haben. Es gibt ein Gemeinschaftsbad mit heißen Quellen und das Essen ist in der Regel im Preis inbegriffen. Dort wollte ich unbedingt meine erste Nacht in Komagane verbringen. Nicht weit von dem Ryokan entdeckte ich einen alten Tempel im Wald. Nachdem der letzte Bus mit Besuchern abfuhr, war ich allein in dieser Anlage. Ein alter Mann löschte noch die Kerzen am Schrein, dann sah ich niemanden mehr. Um mich herum herrschte eine mystische Stimmung. Der Wald, die Dämmerung und die wundervollen Tempel: Den Luxus, dies allein erleben zu dürfen, erlebte ich auf meiner weiteren Reise durch Japan nie wieder.

Das Abendessen, zu dem man pünktlich zu erscheinen hat, nahm ich in dem mir

MISO-PRODUKTION IN JAPAN

DIE REISE NACH KOMAGANE ZU EINEM DER GRÖSSTEN MISO-PRODUZENTEN JAPANS

1

2

3

4

5

6

7

8

9

1 Ein Bergsee in Komagane in der Präfektur Nagano 2 Reisanlieferung für die Miso-Produktion 3 Hier werden die Sojabohnen gedämpft 4 Wärmeregulierung für die Dämpfanlage des Reis' 5 Hier dampft es ordentlich: Blick von außen auf die Anlage 6 Zerkleinern der gedämpften Sojabohnen 7 Auf Förderbändern kommt der Koji mit den gedämpften Sojabohnen zusammen 8 Bis zu 14 Monaten reift das Miso in den großen Stahltanks 9 Frisches, ungereiftes Miso

zugewiesenen Privat-Kabinett ein. Hier isst jeder, getrennt durch Schiebetüren, für sich allein. Das Essen war hervorragend. Kleine Fische wurden für mich gegrillt, wundervoll marmoriertes Rindfleisch lag auf einem Teller, umgeben von vielen kleinen Schälchen mit Algen und eingemachtem Gemüse. Vielleicht hätte ich außerdem noch eine ganze Flasche Sake trinken sollen, damit ich komatös auf meine Matte am Boden hätte sinken können. Doch an Schlaf war hier nicht zu denken. Keine halbe Stunde dauerte es, bis mein Rücken mir schmerzhaft mitteilte, dass ich eben nur auf einer dünnen Matte auf dem Boden liege. Meine Bemühungen, eine halbwegs erträgliche Liegeposition zu finden, scheiterten kläglich.

Übermüdet und genervt fand ich mitten in der Nacht glücklicherweise noch mehrere Matten im Schrank und nachdem ich sieben oder acht davon übereinander geschichtet hatte, erinnert das Ergebnis halbwegs an eine Matratze. So konnte ich den Rest der Nacht einigermaßen gut überstehen. Natürlich kränkte es mich ein wenig, dass mein Körper so gar nicht für traditionelle japanische Schlafbedingungen geschaffen ist.

DIE FABRIK

Doch das war alles vergessen, als mich *Shoki*, der junge Assistent des Präsidenten von *Hikaro Miso*, abholte und zur Firma brachte. Auf dem Hof herrschte reger LKW-Verkehr, es wurde angeliefert oder abgeholt.
Das Areal mit seinen vielen unterschiedlich großen Hallen war für mich kaum überschaubar. Eine Halle reihte sich an die nächste. Als ich das Empfangsgebäude betrat, erhoben sich alle Mitarbeiter von ihren Plätzen und begrüßten mich mit einer Verbeugung. Darauf war ich nicht vorbereitet. Keiner hatte mir gesagt, es sei hier üblich, dass ein komplettes Großraumbüro seine Gespräche unterbricht, sich mir zuwendet und mich begrüßt. Ich verbeugte mich ebenfalls und lächelte in die Runde in der Hoffnung, nun nicht komplett alles falsch gemacht zu haben. Im Besprechungszimmer, in das ich geführt wurde, waren kleine Fähnchen aufgestellt, sie zeigten die deutsche und die japanische Flagge. „Die Deutsche wird heute zum allerersten Mal benutzt", meinte *Shoki*. Ich war tatsächlich die erste Besucherin aus Deutschland.
Der oberste Miso-Meister wurde mir vorgestellt.
Seit vielen Jahren ist er für die Qualität des Misos verantwortlich, er sollte mir alles zeigen – aber leider sprach er kein Wort Englisch. Meine einzige Hoffnung war also *Shoki*. Bevor ich durch den ganzen Herstellungsprozess geführt wurde, gab es erst einmal eine theoretische Einführung. Welche Sojasorten werden verwendet und woher kommen sie (Japan und Kanada), welcher Reis ist der richtige und wie verläuft der Fermentationsprozess. Dazu wurden kleine Schalen vor mir aufgebaut, die ein klassisches Soja-Miso in seinen verschiedenen Entwicklungsstadien zeigten: frisch gemischt, nach zwei Wochen, nach einigen Monaten und nach einem Jahr. Außerdem verschiedene Mischungsverhältnisse: Zehn Anteile Soja mit acht Anteilen Reis scheinen sehr gelblich, je mehr Reis bzw. Koji hinzugefügt wird, desto heller ist das Miso. Besonders dunkel ist, was viel Soja enthält und lange gereift ist. So viel zur Theorie.
Der erste Schritt in der Produktion ist die Reis-Anlieferung. Riesige Mengen davon werden hier täglich verarbeitet. Auf Förderbändern wird der Reis gewa-

10

11

12

13

14

15

16

[10] Zedernholzschütten in denen der mit Koji infizeirte Reis reift [11] Versandfertiges Miso [12] Reiskörner auf ihrem Weg in die Dämpfanlage [13] Miso in unterschiedlichen Mischungsverhältnissen von Reis und Sojabohnen [14] gedämpfte Sojabohnen auf ihrem Weg zum Koji [15] Etikettierung der Miso-Chargen [16] Geschmackstest der verschiedenen Miso-Sorten in heißem Wasser

schen und in große Dampfkessel transportiert. Bevor ich nun die weiteren Räumlichkeiten betreten durfte, musste ich zunächst in einen Einweg-Overall steigen, ein Häubchen aufziehen und meine Hände desinfizieren. Ich sah bestimmt ziemlich lustig aus, wie ich da in meinen etwas zu großen Gummistiefeln durch die Hallen lief.

Um den „Koji-Raum" zu besichtigen, musste ich eine etwa zehn Meter hohe Leiter hinauf steigen. Als der Meister den großen Edelstahltank öffnete, schlug mir ein warmer, nach frischen Pilzen duftender Dampf entgegen. Es war so feucht, dass jedes Fotos davon nur eines zeigt: Nebel.

In diesem Tank verbringt der Reis etwa 48 Stunden, bis die Sporen des *Aspergillus oryzae*, des Koji-Pilzes, den Reis durchdrungen und mit einer fluffigen Pelzschicht überzogen haben. Der fermentierte Reis wird mit den gedämpften und zerstampften Sojabohnen vermischt. Im Großen ist das dann eine ganze Fabrikhalle, in der drei Förderlinien strahlenförmig auf einen Punkt zusteuern, die Sojabohnen, Salz und Reis transportieren. Danach beginnen die Abfüllung und die Lagerung. Die Lagerhallen nehmen vom ganzen Areal den größten Platz ein, endlose Reihen von Fässern, mehrere übereinander gelagert, alles computergesteuert. Keine romantischen Holzbottiche, sondern Edelstahltanks für mehrere hundert Liter Miso. Gekennzeichnet, registriert und bis zur weiteren Verarbeitung im Ruhezustand. Im Inneren der Fässer herrscht jedoch alles andere als Ruhe. Der Koji-Pilz arbeitet und das Miso reift.

Der letzte Schritt kann sowohl die Veredelung sein, wenn beispielsweise die Miso-Paste gleich mit Dashi vermischt wird, oder die individuelle Kennzeichnung des Miso. Abfüllmengen können sich unterscheiden, je nachdem, welches Miso für welche Marke abgefüllt wird, kommen unterschiedliche Etiketten zum Einsatz. *Hikari Miso* produziert nicht nur für den eigenen Markt in Japan, sondern auch für den Export. Auf die Frage, wieviel Miso ich abnehmen müsse, um mein eigenes Logo aufdrucken lassen zu können, bekam ich ein freundliches Lächeln. Was wohl soviel heißt wie „mehr, als du dir vorstellen kannst".

Das Bio-Miso, das aus bio-zertifizierten Soja- und Reissorten hergestellt wird und nur einen kleinen Anteil an der Gesamtproduktion einnimmt (in Japan ist Bio noch nicht sonderlich im Fokus der Verbraucher), wird auf einer eigenen Produktionsstrecke gefertigt.

Der Grund, weshalb die Firma im kühlen *Komagane* angesiedelt ist, ist nicht nur das kühlere Klima. Es ist vor allem das gute Wasser aus den Bergen.

An diesem Tag lernte ich sehr viel und dennoch kam mir alles irgendwie ein wenig vertraut vor, was in erster Linie daran lag, dass eine Brauerei sehr viel mit einer Miso-Fabrik gemein hat. Das Endprodukt mag sich zwar unterscheiden, die Zutaten auch, aber die Herstellungsschritte sind recht gut vergleichbar.

Auf dem Rückweg zu einem anderen (westlichen) Hotel zeigte *Shoki* mir noch den See, an dem er als Kind gerne war. Es war ganz still dort und ein paar Enten zogen ruhig über das Wasser. Die Farben des Herbstes leuchteten in den Bäumen. Eine wirklich schöne Gegend, um Miso zu machen. Am nächsten Morgen ging es weiter nach Tōkyō. Mit dem Bus natürlich.

MISO-SUPPE

DER KLASSIKER

Miso-Suppe ist vermutlich das typischste und bekannteste Gericht mit der Sojabohnenpaste. Viele von uns dürften sie schon einmal in einem japanischen Restaurant probiert haben. In Japan ist es heute noch Tradition, eine Miso-Suppe zum Frühstück zu trinken und eine Schale Reis dazu zu essen. Diese Suppe ist der Inbegriff und die Vollendung der japanischen Küche. Sanfte, seidige Tofuwürfel, neben zarten Wakame, eine gute Brühe (in der auch gerne mehrere Sorten Miso eingesetzt werden) und frische Frühlingszwiebeln, die bestens mit den anderen Komponenten harmonieren. Eine leichte Süße und eine vollmundige Würze sind das Geheimnis einer guten Miso-Suppe. Eine Liebe fürs Leben!

FÜR 2 PORTIONEN

1 EL getrocknete Wakame (japanische Braunalge)
½ l Dashi (s. S. 45)
2 EL Shiro Miso (s. S. 16)
1 EL braunes Miso, z. B. Aka Miso (s. S. 16, wobei hierfür jedes braune Miso infrage kommt)
100 g Seidentofu, abgetropft und in 1 × 1 cm große Würfel geschnitten
1 Frühlingszwiebel, Grün, in feine Ringe geschnitten

1. Die Wakame 15–20 Minuten in eine Schüssel mit kaltem Wasser legen, bis sie sich vollgesogen haben. Ihr Volumen vervielfacht sich. Die Alge in feine Streifen schneiden, harte Stielreste dabei entfernen.
2. Das Dashi erwärmen und das Miso hineingeben. Sanft umrühren, damit sich das Miso langsam auflöst. Nicht kochen, nur sieden lassen.
3. Die abgetropften Tofuwürfel auf Schalen verteilen und die eingeweichten Wakame dazugeben.
4. Mit der heißen Misobrühe übergießen. Frühlingszwiebelringe darüber verteilen.

Weitere Rezepte mit Tofu sowie spannende Interviews mit Tofu-Produzenten gibt es in meinem neuen Buch „Tofu, Yuba & Okara" (ISBN 978-3-7750-0794-8, Hädecke Verlag).

DASHI – KLASSISCH UND VEGETARISCH

Es gibt mehrere Arten, Dashi-Brühe herzustellen: Kaltes Einweichen der Algen, gekochte Algen oder anstelle der Bonitoflocken mit eingeweichten getrockneten Shiitake (perfekt für eine vegetarische Dashi). Vermutlich liegt es an meiner Ungeduld, weswegen ich die „heiße" Variante mit einer kurzen Einweichzeit favorisiere. Und jedes Mal erscheint es mir wie ein kleines Wunder, wie die Alge ihre Aromen an das Wasser abgibt. Wer einmal so eine Kombubrühe gekostet hat, bekommt eine Ahnung vom reinen Umamigeschmack (s. S. 24 ff.). Natürlich gibt es auch bei der Kombualge große Qualitätsunterschiede. Bessere Qualität erkennt man immer an dem weißen Belag an den Rändern der Alge. Ich habe auf dem Markt in Kyōto eine ganz unglaubliche Kombu gekauft (und bedauere es zutiefst, dass ich den Koffer nicht vollgepackt habe davon). Nicht gerade günstig, aber ein überwältigendes Aroma. *Katsuobushi*, wie die Bonitoflocken in Japan genannt werden, sind am allerbesten, wenn man sie mit einer speziellen Reibe direkt von einem geräucherten Bonitofilet, das fast so hart wie Holz ist, runterraspelt. Es gibt aber in spezialisierten Asia-Märkten auch bereits gehobelte Flocken zu kaufen. Für ganz Eilige gibt es auch eine Instant-Variante als Pulver, allerdings sind da leider meist auch noch andere Zutaten aus der Convenience-Küche verarbeitet.

FÜR 1 LITER

2–3 quadratische Blätter Kombu (Riementang), ca. 15 × 15 cm
1 l Wasser
4 EL Bonitoflocken

1. Kombu mit einem feuchten Tuch sanft abreiben, mit einem scharfen Messer mehrmals einritzen und mit dem kalten Wasser in einen Topf geben. Etwa eine Stunde ziehen lassen.
2. Das Wasser zum Kochen bringen, die Temperatur zurückschalten und bei niedriger Hitze 10 Minuten sieden lassen. Kombu entfernen (sie können wieder getrocknet und nochmals verwendet werden). Dieser erste Auszug nennt sich *Ichiban Dashi*. Wird ein zweiter aus diesem Kombu gewonnen, so heißt dieser *Niban Dashi*.
3. Die Bonitoflocken dazugeben und erneut kurz aufkochen lassen.
4. Durch ein mit Mull ausgelegtes Sieb abseihen.

VEGETARISCHE VARIANTE:

Hier werden 6–7 getrocknete Shiitake in etwas kaltem Wasser eingeweicht. Die Pilze werden mitsamt ihrem Einweichwasser anstelle der Bonitoflocken mit der Kombubrühe aufgekocht und anschließend entfernt.

FRÜHLINGS-RAMEN-BOWL

Jedes Jahr im Frühling erwarte ich sehnsüchtig den ersten Spargel. Dabei ist mir der heimische grüne Spargel für dieses Gericht immer der Liebste. Der Kontrast aus weichen, sinnlichen Ramennudeln und knackigem, frischen Gemüse ist das, was diese Ramen-Bowl für mich so unwiderstehlich macht. Meist nehme ich dafür selbst gemachte Gemüsebrühe. Aber auch mit einer Fleisch- oder Hühnerbrühe ist diese Suppe einfach wunderbar, nur eben ein wenig kräftiger.

FÜR 2 PORTIONEN

200 g getrocknete Ramen
100 g Knackerbsen (Sugar Snaps) oder Zuckerschoten
250 g grüner Spargel
8 frische Shiitake
1 TL Butter
Salz, Shichimi Togarashi* (japanische Gewürzmischung)
600 ml gute Gemüsebrühe (s. S. 207)
3 EL Shinshu Miso (s. S. 16) oder Shiro Miso (s. S. 16)
1 EL Sojasauce
1 Ei, 4 Minuten gekocht
2 Frühlingszwiebeln, in Ringe geschnitten
½ Bund frischer Koriander oder Dill
1 Limette, in Scheiben geschnitten

1. Die Ramennudeln nach Packungsanweisung kochen und durch ein Sieb abgießen. Das Sieb mit der Hand mehrmals schütteln und die Nudeln auf zwei Schüsseln verteilen.
2. Die Knackerbsen oder Zuckerschoten an den Enden trimmen, mögliche Fäden entfernen. Den Spargel waschen und das untere Drittel schälen. Mit einem sehr scharfen Sparschäler Streifen vom Spargel abziehen, dabei die Spargelköpfe vorsichtig behandeln.
3. Von den Shiitake die Stiele abschneiden, die Köpfe in Scheiben schneiden.
4. In einer Pfanne die Butter erwärmen und die Pilze darin eine Minute anbraten. Salzen und mit Sichimi Togarashi würzen.
5. Zuerst die Erbsen in etwas kochendem Salzwasser blanchieren, nach zwei Minuten die Spargelstreifen dazugeben nochmal zwei Minuten weitergaren. Danach sofort in kaltem Wasser abschrecken.
6. Die Gemüsebrühe erhitzen, das Miso und die Sojasauce einrühren.
7. Die heiße Brühe über die Nudeln in den Schüsseln gießen.
8. An den Rand nun abschnittweise die Pilze, die Erbsen und die Spargelstreifen geben. Zuletzt das Ei pellen, halbieren und je eine Hälfte in die Mitte der Suppe setzen.
Mit reichlich Frühlingszwiebeln und Kräutern garnieren. Limettenscheiben nach Geschmack dazu reichen.

CREMIGE FENCHEL-LIMETTEN-SUPPE

MIT SHIRO MISO, PILZEN UND KÄSEHIPPE

Diese herrlich luftige Suppe habe ich einem Zufall zu verdanken. Für ein Menü war ich spontan noch auf der Suche nach einem Suppenrezept. Alles, was ich noch hatte, war Fenchel. Der ergibt in Kombination mit etwas Limette eine sommerliche Kreation, die durch die Sahne und das weiße Miso eine elegante Tiefe erhält. Im Sommer serviere ich die Suppe am liebsten lauwarm.

SUPPE

2 Fenchelknollen (etwa 500 g)
750 ml leichte, klare Gemüsebrühe (am besten selbst gemacht, s. S. 207 und nach Möglichkeit nur wenig oder gar nicht gesalzen)
100 ml Sahne
2–3 EL Shinshu Miso (s. S. 16) oder Shiro Miso (s. S. 16)
1 Bio-Limette, Schalenabrieb

KÄSEHIPPE

4 EL Parmesan, gerieben
80 g kleine Pilze (Limonenseitlinge, Enoki, Nameko / Stockschwämmchen oder kleine Buchenpilze / Shimeji)
1 TL Olivenöl

etwas Fenchelkraut für die Garnitur

1. Die Fenchelknollen waschen, den Strunk entfernen. Etwa zehn hauchdünne Scheiben abhobeln (für die Garnitur) und den Rest grob würfeln.
2. Fenchelwürfel mit der Gemüsebrühe in einen Topf geben und bei geschlossenem Deckel und mittlerer Hitze etwa 15 Minuten weich garen.
3. Mit einem Pürierstab oder im Mixer pürieren.
4. Die Sahne und das Miso zugeben und mit dem Schneebesen verrühren. Nicht mehr kochen.
5. Die Suppe abschmecken und nach Bedarf noch ein wenig Salz hinzufügen. Den Limettenabrieb unterrühren.
6. Für die Käsehippen eine beschichtete Pfanne erhitzen und einen Esslöffel des geriebenen Parmesans in die Mitte setzen. Schmelzen und leicht golden bräunen lassen. Mit einem flachen Spatel aus der Pfanne heben und auf einen Teller zum Abkühlen setzen. Die weiteren drei Hippen ebenso herstellen.
7. Das Olivenöl in der gleichen Pfanne erhitzen und die Pilze mit den beiseite gelegten Fenchelscheiben darin knusprig anbraten.
8. Die Suppe in Teller füllen, die Pilze mit den Fenchelscheiben in die Mitte setzen, mit etwas gehacktem Fenchelgrün bestreuen und die Parmesanhippe daneben setzen. Sofort servieren.

UDON-NUDELSUPPE

MIT PAK CHOI, RINDERBRUST UND SHIITAKE

Dicke Udon-Nudeln sind echte Seelentröster. Sie sind samtig weich und perfekt für eine kräftige Brühe. Alles, was eine gute Udon-Suppe ausmacht, sind die verschiedenen Gemüse, Pilze und viele frische Kräuter wie Koriander, Thaibasilikum, Kerbel und Portulak. Sie sind ein schöner Kontrast zu den erdigen Aromen von Pak Choi, Kohl und Bete.

FÜR 2 PORTIONEN

750 ml gute Rinderbrühe (s. S. 208)
150 g Rinderbrust oder Tafelspitz
100 g getrocknete Udon-Nudeln
1 Baby-Pak-Choi
½ Ringelbete (Tonda di Chioggia), geschält
1 kleiner, roter Chinakohl (alternativ: roter Spitz- oder normaler Chinakohl)
5 frische Shiitake
1 TL Zitronen-Olivenöl
schwarzer Pfeffer, frisch gemahlen
Salz
2 EL Shiro Miso (s. S. 16) oder Saikyo Miso (s. S. 16)
2 Wachteleier, hartgekocht (3 Minuten), geschält und halbiert
1 TL weiße Sesamsaat
1 TL Shichimi Togarashi (japanische Gewürzmischung)*
½ Bund Kerbel
4 Stängel frischer Koriander, Blättchen abgezupft

1. Die Rinderbrühe in einen Topf geben und die Rinderbrust darin 45 Minuten ohne Deckel sieden lassen. Herausnehmen, in Alufolie wickeln und beiseitestellen. Die Rinderbrühe auf der ausgeschalteten Herdplatte stehen lassen.
2. Die Udon-Nudeln nach Packungsanweisung in Wasser kochen, abseihen und beiseitestellen.
3. Den Pak Choi waschen und halbieren. Die Ringelbete auf einer Mandoline in feine Scheiben hobeln. Den oberen Teil des roten Chinakohls in 1 cm breite Streifen schneiden.
4. Die Pak-Choi-Hälften in einen Dämpfeinsatz legen und über kochendem Salzwasser bei geschlossenem Deckel 7 Minuten dämpfen. Die Ringelbetescheiben und die Chinakohlstreifen dazugeben und noch 3 Minuten weiterdämpfen.
5. Die Shiitake putzen und in Scheiben schneiden. In einer kleinen Pfanne das Zitronen-Olivenöl erhitzen und die Pilze darin etwa 3 Minuten anbraten. Mit Pfeffer und Salz abschmecken.
6. Die Rinderbrühe durch ein feines Sieb gießen und wieder erwärmen. Das Miso dazugeben und mit einem Schneebesen unterrühren. Nicht mehr kochen lassen.
7. Die Rinderbrust in ½ cm dicke Scheiben schneiden.
8. Udon-Nudeln auf die Schüsseln verteilen und mit der heißen Misobrühe übergießen. Die Pilze auf einer Seite der Schale verteilen. Die Wachteleier daneben setzen. Den gedämpften Pak Choi, die Ringelbete und den Chinakohl ebenfalls in der Schüssel anrichten. Zuletzt die Fleischscheiben darauf setzen und mit Shichimi Togarashi und weißem Sesam bestreuen.
9. Mit Kerbel und Koriander dekorieren und sofort servieren.

TOMATENSUPPE

AUS GERÖSTETEN TOMATEN MIT MISO UND KRÄUTER-CROÛTONS

Die wirklich tollen, sonnengereiften Tomaten gibt es ja leider nur im August und September in unseren Breiten. Den Rest des Jahres müssen wir uns mit den Tomaten aus dem Gewächshaus begnügen. Wie es trotzdem gelingt, diesen Tomaten das volle Aroma zu entlocken, ist einfach: Ein bisschen Zucker und Miso, ein paar Röstaromen und schon schmeckt es das ganze Jahr über nach Sommer.

SUPPE

1,2 kg Flaschentomaten
(am besten San Marzano)
2 Schalotten, fein gehackt
1 Knoblauchzehe, fein gehackt
1 TL Zucker
3 EL Olivenöl
1 EL braunes Miso, z. B.
Awase Miso (s. S. 17) oder
Kichererbsen-Miso (s. S. 15)

KRÄUTER-CROÛTONS

1 frisches Baguette, jeweils die
Endstücke (ca. 6–7 cm)
1 EL Olivenöl
3 Zweige Thymian
1 Prise Meersalz

1. Den Ofen auf 190 °C vorheizen.
2. Die Tomaten waschen und vierteln, den Strunk jeweils entfernen.
3. Ein Backblech mit Backpapier auslegen. Tomaten, Schalotten und Knoblauch darauf verteilen. Mit Zucker bestreuen.
4. Das Öl mit dem Miso verrühren und über die Tomaten geben. Am besten nochmal mit den Händen oder einem Löffel verteilen, so dass die Tomatenstücke gut eingeölt sind. 25 Minuten im Ofen rösten.
5. Für die Croûtons Baguettestücke in kleine Würfel schneiden und in einer Pfanne mit dem Olivenöl und den abgestreiften Thymianblättchen goldbraun anbraten. Auf einem Teller abkühlen lassen und etwas Meersalz darüber geben.
6. Die Ofentomaten direkt vom Blech in einen Mixer geben und pürieren. Eventuell noch aufgekochtes, heißes Wasser zugießen falls nötig.
7. In Schälchen füllen und mit den Croûtons dekorieren, direkt servieren.

KÜRBISSUPPE

MIT FRISCHEM KURKUMA UND MISO

Unter hundert Gewürzen kann man Kurkumapulver sofort an seinem leicht medizinischen Geschmack erkennen. Kurkuma, auch Gelbwurz genannt, ist eines der meistverwendeten Gewürze der indischen Küche. Frischer Kurkuma hat einen subtileren Geschmack, zitronenfrisch mit einer aromatischen Würze, welche die Kürbissuppe bei weitem nicht so dominiert, wie frischer Ingwer. Gerade zu Kürbissuppe ist er mein absoluter Liebling. Man bekommt ihn mittlerweile in fast jedem gut sortierten Bioladen und auf größeren Märkten. Den Knabbermix habe ich in Indien kennengelernt, wo man ihn in den verschiedensten Mischungen überall kaufen kann. Mittlerweile ist er auch bei uns populär geworden. Als Variation nehme ich gerne Brotwürfel aus altem Brot, mische sie mit frisch abgeriebener Schale einer unbehandelten Orange und etwas Salz und röste sie an.

SUPPE

1 Hokkaidokürbis (ca. 750 g)
30 g frische Kurkumawurzel
1 TL Ghee oder Butterschmalz
20 ml Noilly Prat, Extra Dry
1 l Gemüsebrühe (s. S. 207)
1 ½ EL Inaka Miso (unpasteurisiert mit grober Struktur, s. S. 16), alternativ: Aka Miso (s. S. 16) oder Mugi Miso (s. S. 17)

GARNITUR

Mumbai Knabber Mix (gewürzte Kichererbsennudeln, Linsen und Kichererbsen, gibt es in gut sortierten Supermärkten oder im Asia- oder Bioladen)

1. Den Kürbis waschen und trocknen. Stiel und Blütenansatz abschneiden und den Kürbis mitsamt der Schale vierteln. Die Kerne mit einem Löffel herauskratzen und den Kürbis in grobe Würfel schneiden.
2. Die Kurkumawurzel mit einem kleinen Messer schälen (idealerweise mit Handschuhen, da die Wurzel sehr stark färbt) und in nicht zu dünne Scheiben schneiden.
3. In einem großen Topf (Fassungsvermögen etwa 3,5 l) das Ghee erhitzen und die Kurkumawurzel darin kurz schwenken. Die Kürbiswürfel dazugeben und bei hoher Hitze unter Rühren erhitzen. Mit Noilly Prat ablöschen, etwas einkochen lassen und die Gemüsebrühe zugießen.
4. Kürbis einmal aufkochen lassen, dann die Temperatur zurückschalten und ca. 15–20 Minuten sanft köcheln lassen.
5. Alles mit dem Miso in einen Mixer oder im Topf mit einem Stabmixer glatt pürieren.
6. In Suppenteller oder-schalen füllen und mit dem Mumbai Mix garniert sofort servieren.

VIER-BOHNEN-SUPPE

MIT SPECK, SHIRO MISO UND KORIANDER

Bei Bohnensuppe mit Speck muss ich immer an Schnee und Skihütten denken. Obwohl ich dort, soweit ich mich erinnere, noch nie eine solche Suppe gegessen habe. Es ist einfach dieser ultimative Wohlfühlfaktor, der sich bei diesem Gericht zwangsläufig einstellt.

Es sind die guten Zutaten, die diese Suppe einmalig machen. Zugegeben, es ist nicht ganz einfach, außerhalb der Schweiz die köstlichen, zarten Dörrbohnen zu bekommen, aber sie sind mindestens ein Grund, mal wieder dorthin zu fahren. Das Miso tritt in dieser Suppe nicht deutlich hervor, sondern bildet den harmonischen Grundakkord in der Brühe. Zuerst war ich wenig überrascht, dass ich nicht mehr davon herausschmeckte, doch als ich die Suppe vor dem Würzen einmal probierte, wurde es deutlich. Hier fügt das Miso einfach nur alle Zutaten harmonisch zusammen.

70 g kleine weiße Bohnen, getrocknet
50 Feuerbohnen, getrocknet
50 g Schweizer Dörrbohnen
200 g breite Bohnen, frisch
1,2 l Hühner- oder Gemüsebrühe (s. S. 207)
4 Zweige Thymian
4 EL Shiro Miso (s. S. 16)
2 EL Tamari*
100 g durchwachsener Speck
50 g Pecorino oder Parmesan, gerieben
frische Korianderblättchen
Salz

1. Die getrockneten Bohnen über Nacht in kaltem Wasser einweichen. Die Dörrbohnen ebenfalls, aber separat.
2. Am nächsten Tag die eingeweichten Bohnenkerne abgießen und in frischem, leicht gesalzenem Wasser etwa 40 Minuten lang weichkochen und danach abseihen.
3. Die frischen Bohnen waschen und in mundgerechte Stücke schneiden.
4. Die Dörrbohnen in einem Sieb abtropfen lassen.
5. Die Brühe in einem großen Topf erhitzen. Zuerst einige Esslöffel der weichgekochten Bohnen hineingeben und mit einem Kartoffelstampfer zerdrücken. Alternativ kurz mit einem Pürierstab pürieren, damit die Suppe sämiger wird.
6. Alle Bohnen hineingeben, die Thymianzweige hinzufügen und ca. 20–30 Minuten im offenen Topf köcheln lassen.
7. Die Thymianzweige wieder herausfischen, Miso und Tamari unterrühren. Nicht mehr kochen lassen.
8. In einer kleinen Pfanne den in Scheiben geschnittenen Speck knusprig anbraten und in die Suppe geben, dabei das ausgelassene Fett zurückhalten.
9. Die Suppe auf Teller verteilen, mit frischen Korianderblättchen und dem Käse bestreut servieren.

KARIBISCHE FISH CHOWDER

MIT RUM, MISO UND LIMETTEN

Frischer Fisch, Muscheln und Garnelen sind meine Geheimwaffe, um Fernweh zu stillen. Als eine Freundin mir eine Flasche Rum aus dem Urlaub mitbrachte, spannte sie damit unwissentlich den Bogen zwischen Asien und der Karibik. Rum, Weißwein und Miso kommen hier zusammen und geben der Suppe, die durch die Tomaten und Limetten eine schöne Säure bekommt, eine wunderbare Tiefe. An Thymian sollte übrigens nicht gespart werden.

2 rote Zwiebeln, geschält
1 Chili, Scotch Bonnet oder Jalapeño
600 g Tomaten (San Marzano oder Datteltomaten)
1 EL Olivenöl
40 ml karibischer Rum
1 Bund Thymian, Blättchen gezupft
1 l Hühnerbrühe (s. S. 207), kräftig abgeschmeckt
100 ml Weißwein
2 Bio-Limetten, Schalenabrieb und Saft
1 EL Genmai Miso (s. S. 17)
700 g Miesmuscheln (oder Venusmuscheln)
10 rohe Garnelen
200 g weißes Fischfilet (z. B. Kabeljau)
1 TL brauner Rohrohrzucker
Meersalz

frischer Koriander oder glattblättrige Petersilie
Limettenscheiben, nach Belieben

1. Die roten Zwiebeln in Ringe scheiden. Die Chili waschen, halbieren, die Samen entfernen und in Ringe schneiden.
2. Die Tomaten waschen und je nach Größe grob würfeln (Marzano) oder nur halbieren (Datteltomaten).
3. Das Öl in einem großen Topf erhitzen und die Zwiebelringe darin glasig dünsten. Mit Rum ablöschen. Die Tomaten dazugeben und einige Minuten unter gelegentlichem Rühren garen lassen. Den Thymian, die Hühnerbrühe und den Weißwein dazugeben.
4. Limettensaft und Miso hinzufügen und ca. 10 Minuten mit aufgelegtem Deckel köcheln lassen.
5. Die Miesmuscheln gut abbrausen und falls nötig entbarten.
6. Die Muscheln mit den rohen Garnelen in die Suppe geben. 5 Minuten weiter köcheln lassen, bis die Muscheln sich geöffnet haben (geschlossene wegwerfen).
7. Limettenabrieb hinzufügen und die Suppe mit dem Zucker und eventuell etwas Meersalz abschmecken.
8. Zuletzt das Fischfilet geviertelt vorsichtig in die Suppe geben, die Temperatur zurückschalten und bei geschlossenem Deckel noch 5 Minuten garen.
9. Auf Tellern verteilen und mit frischem Koriander oder Petersilie bestreuen. Nach Geschmack Limettenscheiben dazu reichen.

Eisige Kälte war im November über *Seoul* hereingebrochen. Nachts fiel das Thermometer unter die Null-Grad-Marke. Dies war mein letzter Tag in *Seoul* und ich musste zu einem der Busbahnhöfe, um zum letzten Ziel meiner Koreareise zu gelangen.

Mit dem Bus zu fahren, ist in Südkorea weitaus beliebter als mit dem Zug. Doch nicht alles, was auf manchen Karten als Busbahnhof bezeichnet wird, ist tatsächlich auch einer. Nachdem ich mich mit je zwei Koffern und Taschen in die vollbesetzte U-Bahn gequetscht hatte und einmal durch die ganze Stadt gefahren war, entpuppte sich die Endstation leider nicht als das gewünschte Ziel. Und kaum hat man mal das Zentrum *Seouls* verlassen, wird es mit der Kommunikation deutlich dünner. Nachfragen war kaum möglich. Schließlich fand ich die richtige U-Bahn, die mich zum gewünschten Busbahnhof bringen sollte, nur war auch er zunächst nicht eindeutig zu finden. Wieder fragte ich mich mit Händen und Füßen durch, bis mir schlussendlich eine sehr hilfsbereite junge Frau sogar einen Koffer abnahm und mich vier Ebenen quer durch den Bahnhof nach oben begleitete. Der Busbahnhof war endlich erreicht.

Die letzte Station meiner Reise durch Südkorea führte mich südöstlich von *Seoul* nach *Cheongju*. Von dort weiter in die Berge ins *Duriduri Village*, wo mich die Besitzerin von *Granny Sim's Soybean Paste* empfangen würde. Sie wartete bereits am Busbahnhof in *Cheongju* auf mich. Bedauerlicherweise – man ahnt es bereits – nicht an jenem, wo ich ankam. Denn *Cheongju*, eine Stadt, die annähernd eine halbe Million Einwohner zählt, besitzt zwei Busbahnhöfe. Ich wartete. Nachdem ich bereits in *Seoul* orientierungslos nach dem richtigen Busbahnhof gesucht hatte, war es jetzt auch nicht weiter verwunderlich, dass ich auch bei diesem Ziel das andere Ende der Stadt ausgewählt hatte. *Hai Soon Park* und ihre Nichte fanden mich trotzdem.

Die Nichte war extra aus der Hauptstadt angereist, damit wir uns überhaupt verständigen können. Sie spricht Englisch und mein Wortschatz der koreanischen Sprache umfasste zu diesem Zeitpunkt genau ein einziges Wort: *Gamsahamnida* – Danke. Das wichtigste Wort überhaupt. Wir verließen *Cheongju*, fuhren weiter nach Osten, dorthin, wo die Landschaft hügeliger wird. Dicke Nebelschwaden zogen sich entlang der Hänge, es regnete, als wir die Serpentinen zum Dorf hinauffuhren.

Das *Duriduri Village* war entgegen meiner Vorstellung von einem kleinen Bauerndorf überhaupt kein Dorf. Es besteht eigentlich nur aus einem Haus und Hunderten von großen Tonkrügen, alle gefüllt mit *Daenjang* und Sojasauce. Ich war endlich angekommen.

Hai Soon Park hatte ich 2015 in Nürnberg auf der *Biofach* kennengelernt, auf der sie zusammen mit anderen südkoreani-

MISO-PRODUKTION IN SÜDKOREA

AUF UMWEGEN ZUR TRADITION – EINE MISO-ENTDECKUNG MIT FAMILIENANSCHLUSS

1

2

3

4

5

6

7

8

9

[1] Meju-Blöcke aus zuvor gekochten, dann getrockneten Sojabohnen [2] „Kochtöpfe" für Sojabohnen [3] „Sanghwang Mushroom" (Phellinus linteus) [4] Bohnen werden gekocht [5] junges Daenjang [6] Meju-Blöcke werden zwischen Reisstroh gelagert [7] Typische Gefäße aus Ton zum Reifen von Daenjang oder Sojasauce .... [8] ... deren Reihen nach Jahren sortiert sind. [9] einige Jahre gelagertes Daenjang

schen Bioproduzenten ihre 10 Jahre alte Sojabohnenpaste vorgestellt hatte. Über einen Übersetzer kamen wir ins Gespräch und an dieser Stelle muss ich meine Aussage korrigieren, was meinen koreanischen Wortschatz angeht. Er umfasst zwei weitere Wörter. *Kimchi* und *Gochugaru*. Dass *Gochugaru*, das koreanische Chilipulver, einmal der Eisbrecher zwischen mir und *Hai Soon* sein könnte, war noch nicht klar, als ich ihre berühmte *Daenjang*-Paste zum ersten Mal probierte. Wir sprachen über koreanische Küche und sie freute sich so sehr darüber, dass ich dieses Gewürz wohl annähernd verständlich aussprach, dass sie mir ein kleines Töpfchen ihrer Sojabohnenpaste schenkte. Zuhause testete ich sie gleich aus und sofort stand für mich fest: Wenn ich jemals über Miso und seine Verwandten schreiben sollte, dann dürfte sie keinesfalls fehlen. Ein dreiviertel Jahr und etliche Emails später – von denen ich inzwischen weiß, dass jede einzelne an die Tochter in den Vereinigten Staaten zum Übersetzen geschickt wurde – war ich also in Südkorea vor Ort. In diesem Moment war es mir völlig egal, dass es in Strömen regnete, alles was mich interessierte, war in den langen Tontopfreihen verborgen.

„Stehen die hier wirklich das ganze Jahr draußen?", wollte ich wissen, denn in Südkorea schwanken die Temperaturen ganz erheblich. Es gibt heiße, schwüle Sommer und eisige Winter, von denen ich gerade einen kleinen Vorgeschmack bekam.

„Ja", meinte *Hai Soon,* „das ganze Jahr über. Und teilweise schon seit mehr als dreißig Jahren." Sie führte mich zu ihrem „Hochzeits-Tontopf", jener Topf, der im Jahr ihrer Hochzeit angelegt wurde. Nur noch ein winziger Rest befand sich darin. Sie nahm einen Löffel, beugte sich über den Topf und ließ mich davon probieren. Mehr als ein viertel Jahrhundert war diese Sojasauce alt, ehrfürchtig kostete ich davon. Warme Meersalznoten, etwas dunkle Schokolade, erdige Töne und ein Hauch wie von einem guten, alten Cognac strömten an meinem Gaumen vorbei. Ich schloss die Augen. Hier stand ich nun, mitten in Korea im Regen und kostete die bisher älteste Sojasauce meines Lebens. Für einen Moment blieb die Zeit stehen.

Dann kamen plötzlich immer mehr Menschen dazu. Ihre ganze Verwandtschaft wollte den Besuch aus Deutschland sehen. Ich war die erste Deutsche hier, die Neugier entsprechend groß. Sogar ein Verwandter, der einige Zeit in Deutschland verbracht hatte, wollte mich begrüßen. Wir sprachen ein paar Sätze und tranken Tee dazu. *Hai Soon* servierte Kekse, die sie mit ihrem *Daenjang* verfeinert hatte. Sie schmeckten großartig, und doch konnte ich mich kaum auf den Geschmack konzentrieren, so sehr prasselten all die Eindrücke und Informationen, die ich so gerne festhalten wollte, auf mich ein. Jener seltsame Pilz zum Beispiel, der an den Maulbeerbäumen wächst und das Geheimnis ihres *Daenjang* und der Sojasauce ist. Ein harter und samtiger Pilz. Sehr teuer, meinte der deutsch sprechende Verwandte. Nur noch wenige davon werden in der freien Natur gefunden. *Hai Soon* hat da ihre Quellen.

10

11

12

13

DER HEILENDE PILZ

In China, Japan und Korea gilt der „Sanghwang Mushroom" (*Phellinus linteus*) als Heilpilz. *Song-Gen* wird er in China genannt, *Sang-* und *Meshimakobu* in Japan. Der Pilz, ein Vertreter der Feuerschwämme, ist für seine immunmodulierende Wirkung bekannt, die u.a. auf die in ihm enthaltenen beta-D-Glucane zurückzuführen ist. Sein Extrakt wird in der Krebstherapie eingesetzt wie auch bei hohem Blutdruck, gastroenterologischen Problemen oder Diabetes. Aus dem seit Jahrtausenden in der asiatischen Heilkunde bekannten Pilz wurde chinesischen und japanischen Kaisern ein Tee bereitet, der sie vital und fit halten sollte. Extrakte dieses Pilzes haben antioxidative und entzündungshemmende Eigenschaften.

WIE DAENJANG GEMACHT WIRD

Nachdem ich das erste Geheimnis ihres *Daenjangs* herausbekommen hatte, wollte ich natürlich noch mehr erfahren und nicht eher abreisen, bevor ich den ganzen Prozess verstanden hatte. Tausend Fragen flirrten durch meinen Kopf, und in diesem Moment traf ich eine Entscheidung: Ich wollte meinen Aufenthalt hier verlängern. Ein halber Tag war bei weitem nicht genug, um all dies zu erfahren. *Hai Soon* freute sich darüber. Sie wollte mir nicht nur alles zeigen, sondern mir auch ihr Korea näherbringen. Auch wenn die englisch sprechende Nichte am Abend wieder zurück nach *Seoul* musste. Wir würden das irgendwie schaffen.
Am nächsten Tag holte sie mich im Hotel ab und wir fuhren zurück zu ihrem Haus. Wie oft das *Daenjang* gemacht werde, wollte ich wissen. „Nur einmal im Jahr", erklärte mir *Hai Soon.* Im Januar, den genauen Zeitpunkt bestimme der Mondkalender. Dann werden die großen Kessel im hinteren Teil des Hauses aufgeheizt und die Sojabohnen darin gedämpft. Diese kommen ausschließlich aus der Region. „Das Wasser", meinte sie außerdem, „ist besonders wichtig." Es sei nachgewiesen, dass es in dieser Gegend das beste Wasser Koreas gäbe.
Aus den gedämpften und zerstampfen Sojabohnen werden „Backsteine" geformt – hier *Meju* (메주) genannt – und diese dann zum Trocknen aufgehängt. Sobald sie getrocknet sind, werden sie für 45–60 Tage zwischen Reisstroh geschichtet. Dieses Reisstroh enthält den Pilz *Aspergillus flavus var. oryzae*, der für die nun folgende Fermentation der Sojabohnen verantwortlich ist. Er dringt in die Sojablöcke ein und fermentiert sie. Alle zwei Tage muss umgeschichtet und die Temperatur konstant auf 25 °C gehalten werden. Während dieser 45–60 Tage verändern die Blöcke ihr Aussehen. Von innen heraus werden sie weich und dunkel. Dann müssen sie mit einem Sud aus Wasser, Salz, den Baumpilzen und Holzkohle (für die Desinfektion) gewaschen werden. Das mit der Eichenholzkohle hatte sie von ihrer Großmutter gelernt. Die meinte, erst die mache das Daenjang so gesund. Weitere 45 Tage verbleiben die *Meju* in dieser Lake,

[14] Daenjang aus dem Jahr 2008 [15] Gusseiserne Töpfe zum Garen der Sojabohnen, die mit Holz befeuert werden. [16] Deckel für die Daenjang-Töpfe [17] koreanische Heilkräuter [18] abgeerntete Kohlfelder im Duriduri Village [19] koreanische Schwammpilze [20] Sojasauce [21] koreanischer Hotpot [22] Tempelanlage in Songnisan

der außerdem noch Chili und *Jujube*, eine asiatische Steinfrucht, hinzugefügt wurden. Dann erst kommt es in die Tontöpfe und darf reifen. Es ist ein langer, aufwendiger Prozess mit viel Handarbeit, doch der Erfolg gibt *Hai Soon* Recht. Ihr *Daenjang* gilt als eines der begehrtesten des Landes. Sie ist eigentlich überhaupt nicht in der Lage, von den ungefähr 5 – 10 Tonnen, die sie jedes Jahr produziert, auch nur einen Teil zu exportieren. Sie würde so gerne den Menschen mit ihrer Sojabohnenpaste helfen. Ihr Antrieb ist der Wunsch, helfen zu wollen, doch sie schafft es nicht, noch mehr ihres *Daenjangs* herzustellen.

MEHR KOREA

Das Wetter am zweiten Tag war schön und während ich nochmal alles, wirklich alles, fotografierte, bereitete *Hai Soon* einen leichten Salat für mich zu. Sie pürierte Blaubeeren mit Ananaswasser und *Daenjang*, fügte noch ein wenig Pflaumenwein und Essig hinzu und gab dieses Dressing über die Salatblätter. Auch ohne Öl war das Dressing reichhaltig und schmeckte köstlich. Und wie wir so auf dem Boden saßen und unseren Salat aßen, fiel es gar nicht auf, dass wir uns eigentlich überhaupt nicht richtig unterhalten konnten, nur ansatzweise mit einem Übersetzungs-Tool meines Mobiltelefons. Es war ein wenig, als redeten wir trotzdem die ganze Zeit. Dann, nachdem ich nochmal jedes Glas und jeden Topf geöffnet und fotografiert hatte, lud sie mich ein, mit ihr zu kommen. Wir machten einen Ausflug zu einem alten buddhistischen Kloster in den Bergen eines Nationalparks. Kaum ein Mensch war dort. Die Wälder um die riesige goldene Buddhastatue waren bunt gefärbt. Wir tranken *Jujube*-Tee zum Aufwärmen. Sie führte mich in ein Restaurant, das auf Hot Pot spezialisiert ist, und wir tranken *Makgeolli*, ein uraltes Reisgetränk in Korea, mit etwa 6 % Alkohol. Begeistert saugte ich alle Eindrücke auf. Dann fragte sie mich, ob ich Lust hätte, sie am nächsten Tag auf eine Biomesse in den Süden des Landes zu begleiten. Keine Frage, natürlich war ich euphorisch, noch mehr zu entdecken. Dort begegnete ich Algenbauern, lernte Maulbeerblättertee zu schätzen, entdeckte die *Wetlands* der *Sincheon* Bucht und sah das Meer. Wir besuchten ein Lokal für typische *Hansik-Küche*, die Hochküche Koreas, und ich verliebte mich in unbekannte Kräuter und alle Formen des Kimchis. Mir schmerzten die Knie vom ewigen auf dem Boden sitzen, doch das war egal. Ohne *Hai Soon* hätte ich das alles nie gesehen und erlebt. Ich bin ihr unendlich dankbar dafür. Zum Abschied schenkte sie mir noch eine Flasche ihrer wunderbaren Sojasauce und etwas von ihren 10 Jahre alten *Daenjangs*. Beides hüte ich seither wie einen Schatz. Nur ab und zu gönne ich mir ein wenig davon.

14

15

16

17

18

19

20

21

22

ROTKOHL SLAW

MIT HONIG-SESAM-DRESSING UND SHIRO MISO

Dieser einfache Slaw passt wunderbar zu Burgern, Fleisch vom Grill und ist eine frische Abwechslung für das Salatbuffet. Ich serviere ihn gerne zu kleinen Lammhackbällchen, die ich mit etwas Minze würze. Von beidem ist noch nie etwas übrig geblieben.

SLAW

1 mittelgroßer Rotkohl
1 Prise Salz
1 Prise Zucker

weiße Sesamsaat und nach Belieben ein paar Sprossen

DRESSING

1 EL Honig (alternativ: Agavensirup für die vegane Variante)
3 EL gutes Rapsöl
1 EL Shiro Miso (s. S. 16)
1 Zitrone, frisch gepresster Saft
1 knapper EL Tahini
ein paar Korianderkörner, in der Pfanne ohne Fett geröstet und im Mörser zerstoßen
einige Tropfen geröstetes Sesamöl

1. Den Rotkohl waschen, vierteln und in sehr feine Streifen schneiden oder hobeln.
2. Mit einer großzügigen Prise Salz und Zucker bestreuen und mit den Händen sorgfältig durchkneten. 30 Minuten ziehen lassen.
3. Die Zutaten für das Dressing mischen (nicht mehr salzen, das Salz beim Rotkohl reicht aus) und mit einem kleinen Schneebesen glatt rühren.
4. Die Rotkohlstreifen mit dem Dressing übergießen und gut mit den Händen durchmischen.
5. Den Slaw mit weißem Sesam und Sprossen bestreuen und servieren.

BETE-SALAT

MIT SELLERIE, APFEL UND ORANGEN-HASELNUSS-MISO-DRESSING

Wenn ich auf dem Bauernmarkt vor den schönen Rüben und der Bete stehe, kann ich selten widerstehen. Die sind auch roh ein echter Genuss. Rohe Bete mit rohem Sellerie und Apfel sind so unglaublich zart und elegant im Geschmack, dass ich mein Umfeld im Winter deshalb gerne mit diesem Salat „strapaziere". So lange sich keiner wehrt, wird es ihn auch weiter geben.

FÜR 2 PORTIONEN

1 Rote Bete und 1 Gelbe Bete, beide etwa faustgroß
1 Sellerieknolle, etwa faustgroß
2 Äpfel, am besten Boskoop
1 Zitrone, Saft
2 Orangen, davon eine Saftorange
3 EL Haselnüsse
½ Bund Koriander
1 EL Shiro Miso (s. S. 16) oder Shinshu Miso (s. S. 16)
4 EL Haselnussöl
3 Blätter Endiviensalat (alternativ: Feldsalat)

1. Die Beten, die Sellerieknolle und die Äpfel schälen und am besten in einer Küchenmaschine raspeln und vermischen. Mit dem Zitronensaft begießen.
2. Eine Orange auspressen. Die zweite Orange mit dem Messer schälen, alles Weiße entfernen und filetieren. Die Filets beiseite stellen.
3. Die Haselnüsse in einer beschichteten Pfanne ohne Fett rösten, bis sie duften. Mit einem Messer grob hacken.
4. Den Orangensaft mit dem Koriander, der Hälfte der Haselnüsse, dem Miso und dem Haselnussöl in einen Blitzhacker geben und vermischen. Alternativ Koriander feinhacken und mit Miso, Öl und Orangensaft vermischen, zuletzt die Nüsse dazugeben.
5. Die Salatblätter in feine Streifen schneiden.
6. Den Salat auf Tellern anrichten, die Orangenfilets dazugeben und das Dressing darüber gießen. Mit den Haselnüssen bestreuen und servieren.

EDAMAME-SALAT

MIT WEISSEM RETTICH UND SPROSSEN

Wann immer ich japanisch essen gehe, bestelle ich mir zuerst eine Schüssel mit frischen Sojabohnen (Edamame). Sie werden immer noch in der Hülse serviert, die leicht gesalzen ist, und die Kerne werden genüsslich ausgesaugt. Die Bohnenkerne sind knackig, selbst wenn sie hier in Deutschland selten frisch, sondern meist tiefgefroren sind.

Das ist auch das Tolle an diesem Salat: Man kann ihn das ganze Jahr über essen, denn die tiefgefrorenen Sojabohnen sind im Asia-Markt immer erhältlich. Sobald es im Frühsommer aber frische Saubohnen aus regionalem Anbau gibt, ersetze ich die Sojabohnen damit. Sie machen zwar noch ein wenig mehr Arbeit, da sie erst gepalt werden müssen, schmecken sind aber fast noch köstlicher.

FÜR 2 PORTIONEN

DRESSING

2 EL Shiro Miso (s. S. 16)
1 TL Tamari*
2 EL Mirin*
1 TL Yuzu*- oder Zitronensaft
1–2 EL Wasser

SALAT

300 g tiefgefrorene Sojabohnenkerne/Edamame (aus dem Asialaden)
1 kleiner weißer Rettich (ca. 100 g) oder 1 Navette
4 Radieschen
Rote-Bete-Sprossen (oder Sojabohnen-Sprossen)
rote und grüne Shiso-Kresse
1 TL Furikake (siehe Hinweis)

1. Für das Dressing die Zutaten gut verrühren.
2. Die tiefgefrorenen Edamame in einem Dämpfeinsatz über heißem Wasser etwa 5 Minuten dämpfen, dann abkühlen lassen.
3. Den weißen Rettich in feine Julienne hobeln (am besten auf einer Mandoline).
4. Die Radieschen in feine Scheiben hobeln.
5. Den Salat auf tiefen Tellern oder in einer Schüssel anrichten, die Sprossen und die Kresseblättchen darüber geben, mit Furikake bestreuen. Dressing zum Schluss darüber gießen und servieren.

HINWEIS: *Furikake ist eine japanische Gewürzmischung aus schwarzem Sesam, Nori und Meersalz. Man bekommt sie in manchen Asia-Läden oder kann sie ganz einfach selbst herstellen.*

FENCHEL-APRIKOSEN-SALAT

MIT ZITRONEN-MISO-DRESSING

Süße Aprikosen und eine würzig-zitronige Sauce sind das Geheimnis dieses knackigen Sommersalats, der sich ausgezeichnet für ein Picknick eignet. Im Grunde ist es egal, ob man normale Möhren oder Ur-Möhren verwendet, allerdings ist der farbliche Kontrast mit Ur-Möhren noch schöner. Wichtig ist, dass die Aprikosen reif und süß sind.

FÜR 2 PORTIONEN

DRESSING

3 EL Zitronensaft
2 EL Apfelsaft
3 EL Shinshu Miso (s. S. 16)
2 EL Rapsöl
1 Prise Zucker

SALAT

1 große Fenchelknolle
6 reife Aprikosen
2 Ur-Möhren oder Möhren

nach Bedarf einige Kornblumenblüten für die Dekoration

1. Für das Dressing den Zitronensaft mit dem Apfelsaft, dem Shiro Miso, dem Zucker und dem Rapsöl glatt rühren.
2. Die Fenchelknolle waschen, den Strunk und die Stiele mit dem Fenchelkraut abschneiden. Das Fenchelkraut für die Dekoration aufheben. Den Fenchel in feine Scheiben hobeln.
3. Die Aprikosen waschen, trocken, halbieren und die Kerne entfernen. Früchte in 1 cm große Würfel schneiden.
4. Die Möhren schälen und ebenfalls fein hobeln.
5. Alles mit dem Dressing vermischen und etwa 15 Minuten ziehen lassen. Nochmals durchmischen und den Salat mit den Blüten bestreuen.

LAUWARMER GURKEN-SESAM-SALAT

Die Beziehung zwischen mir und rohen Gurken könnte man als kompliziert bezeichnen. Werden sie jedoch kurz gedünstet oder eingemacht, sind sie unwiderstehlich. Ich kann es manchmal kaum erwarten, bis die Gurken etwas abgekühlt sind. Dann schnappe ich mir einfach sofort ein paar Stäbchen und esse den Salat ratzfatz auf. Zum Glück gibt es bei uns Gurken das ganze Jahr über.

FÜR 2 PORTIONEN

4 kleine Gartengurken (oder 12 Minigurken)
1 ½ EL weiße Sesamsaat
2 EL Shiro Miso (s. S. 16)
1 TL Genmai Miso (s. S. 17)
1 EL heißes Wasser
1 EL milder Reisessig
1 EL flüssiger Honig
1 TL geröstetes Sesamöl
Salz
1 TL Gochugaru* (koreanisches, fruchtiges Chilipulver; alternativ: andere Chiliflocken)

1. Die Gurken waschen, an den Enden trimmen, halbieren und mit einem Teelöffel die Kerne herauskratzen. Gurkenhälften in ½ cm breite Scheiben schneiden.
2. Den Sesam in einer beschichteten Pfanne ohne Fett rösten, bis ein knisterndes Geräusch entsteht und die Samen beginnen, aus der Pfanne zu hüpfen.
3. Das Miso mit dem heißen Wasser glattrühren und mit dem Essig, Honig und Sesamöl vermischen.
4. Eine große Pfanne erhitzen und die Gurkenscheiben hineingeben. 2–3 EL Wasser hinzufügen und die Gurkenscheiben bis zum vollständigen Verdampfen des Wassers darin unter Rühren andünsten. Nur sehr leicht salzen.
5. Die Gurken abkühlen lassen und mit dem Gochugaru und dem Sesam mischen.
6. Das Dressing dazugeben, gut durchmischen und auf kleinen Tellern servieren.

MISO-PULVER
DER SCHNELLE UMAMI-TWIST

Isetan in Tōkyō ist das Kaufhaus der Superlative. Hier gibt es nur das Beste und Luxuriöseste, seien es Kleider oder Feinkost. Ganz besonders wurde mir die Feinkostabteilung ans Herz gelegt. Eigentlich wollte ich nur Sake kaufen, doch ich bekam schon Herzklopfen, als ich die untere Etage erreichte. Hätte mich auch nur einer darauf vorbereitet, wie verlockend es hier duftete, welch ein Reichtum an Spezialitäten mich hier erwartete, mein erster Weg wäre hierher gewesen. Es war mein erster Besuch in Tōkyō, ich hatte bereits den Fischmarkt besucht, ein paar *Antenna Shops*[1] und wollte nun die letzten Ecken meines Koffers mit einigen Flaschen wunderbarem *Sake* auffüllen. Wobei Auffüllen hier vielleicht das falsche Wort ist. Er war zu diesem Zeitpunkt bereits voll. Aber ohne *Sake* nach Hause zu fahren, das wäre nicht möglich gewesen. Zunächst kam ich überhaupt nicht bis zur *Sake*-Abteilung, denn unweit der Rolltreppe waren die Zedernholzfässer mit dem Miso, das hier offen verkauft wird, aufgebaut. Wieder konnte ich nichts lesen und wieder war mir das völlig egal. Ich kaufte das Miso einfach danach wie es duftete, welche Farbe es hatte und ob es mich in irgendeiner anderen Art ansprach. Dummerweise traf dies auf so ziemlich alles zu, was in den Fässern schlummerte. Ich entschied mich für drei verschiedene Sorten.

Nur um noch einmal umzudrehen und doch noch von dem tiefdunklen *Hatcho Miso* eine Tüte mitzunehmen. Auf dem Weg zur Sake-Abteilung wurde ich erneut aufgehalten, dieses Mal von dem verlockenden Gewürzregal. *Togarashi-Mischungen*, *Sancho*-Pfeffer und etwas, was sich *Koku Miso* nannte, zog mich in seinen Bann. Das war Miso-Pulver, das aus schonend gefriergetrocknetem braunem Miso bestand. Warum eigentlich nicht?

Ich nahm es mit, um es fortan fröhlich über alles Mögliche zu streuen: Salate, Saucen und Fleisch. Hier ist Miso-Pulver leider nicht so leicht zu bekommen. Instant-Miso-Suppe, wie sie von manchen Herstellern angeboten wird, ist bereits eine gewürzte Mischung. Da können Instant-Dashi oder getrocknete Pilze drin sein. Auch ist es eine Frage, wie schonend das Miso gefriergetrocknet wurde. Fakt ist nun einmal, Miso ist durch die Fermentierung ein quasi „aktives", lebendiges Nahrungsmittel. Trocknet man es, ist es vorbei mit der Aktivität. Doch was erhalten bleibt, sind der Geschmack und seine Nährstoffe. Gut, ein paar der Nährstoffe gehen durch den Prozess der Gefriertrocknung verloren, aber Miso hat schließlich reichlich davon.

Einem schönen Steak mit herrlichen Röstaromen direkt aus der Pfanne noch einen letzten *Umami*-Kick verpassen? Dafür ist es perfekt.

---

1 *Antenna Shops etablierten sich in den 1990er Jahren in Tōkyō. Sie waren als eine Art Schaufenster für die vielen Produkte aus den verschiedenen Präfekturen des Landes gedacht, die man dort erstehen konnte, ohne die Hauptstadt verlassen zu müssen. Jeder dieser Shops featured eine andere Region, in einigen werden sogar Reisebürodienste für die jeweilige Präfektur angeboten. In Tōkyō gab es 2016 insgesamt 54 Shops, die es einem erlauben, die gesamten Spezialitäten des Inselstaates innerhalb eines Tages nur in der Hauptstadt zu entdecken.*

Eine Salatsauce aufpeppen mit ein paar herzhaften Aromen? Bestens geeignet. Auch Gemüsegratin zeigt sich dankbar, wenn man ihm ein bisschen Miso-Pulver angedeihen lässt.
Und auch wenn Miso im Kühlschrank eigentlich niemals seine Haltbarkeit verliert, ist so ein Pulver manchmal einfach schneller zur Hand.
Der prominente japanische Koch und Gastronom *Nobuyuki Matsuhisa* – besser bekannt als „Nobu" – präsentiert seine Nikkei-Küche, eine Allianz aus peruanischer und japanischer Küche, in seinen auf allen Kontinenten vertretenen Restaurants. Mehrmals wurde er mit einem Michelin-Stern ausgezeichnet. Zusammen mit dem japanischen Miso-Produzenten *Hikari* hat er ein „Dry Miso" entwickelt, das seinen Ansprüchen gerecht wurde. Er benutzt es vorwiegend als Würze in seinen Gerichten.

Peter Koch von *Schwarzwald Miso*, der ebenfalls mit Miso-Pulver experimentiert, hat für sein Reis-Miso nach langem Ausprobieren ein Gefriertrocknungsverfahren gefunden, das seinen Vorstellungen entspricht. Für ihn ist der Erhalt möglichst vieler Inhaltsstoffe wichtig. Dies kann er gewährleisten, wenn er im Gegensatz zu anderen die Verarbeitungstemperaturen konstant unter 38 °C hält und sich somit in einem Bereich der Rohkost-Qualität für sein Miso-Pulver bewegt.
Miso-Pulver lässt sich überall da einsetzen, wo auch herkömmliches Miso verwendet würde – einfach ausprobieren!

RADICCHIO, PUNTARELLA UND CHINAKOHL
MIT BLUTORANGEN-MISO-DRESSING

Fruchtig-salzig-süß trifft auf zarte Bitternoten. So könnte man diesen Salat wohl am besten beschreiben. Puntarella ist eine Variante des Chicorées und kommt meist in den Wintermonaten aus dem Süden Italiens zu uns. In der Regel sitzen die Puntarelle im Herzen der grünen Zichorienart mit dem Namen Catalogna cimata. Im Zusammenspiel mit dem Radicchio treffen hier zwei sehr prominente Vertreter der bitteren Salate aufeinander. Gerade in der kalten Jahreszeit sind Bitterstoffe sehr gut für unsere Gesundheit. Damit es nicht zu bitter wird, setzt das Dressing hier einen schönen Gegenpol und rundet den Geschmack fruchtig ab. Glücklich, wer roten Chinakohl bekommt, der sich jedoch nur optisch vom normalen Chinakohl unterscheidet. Variieren ist hier ausgesprochen erwünscht, so kann man zum Beispiel auch Fenchel oder Löwenzahn dazu probieren. Auch ein paar Blättchen Koriander setzen noch einen schönen Akzent.

FÜR 2 PORTIONEN

DRESSING

3 Blutorangen oder Orangen
1 EL Honig oder Agavensirup
1 EL Mirin oder weißer Balsamico
1 TL Zucker
1 EL Olivenöl
1 EL Shinshu Miso (s. S. 16) oder Shiro Miso (s. S. 16)

FÜR DEN SALAT

1 mittelgroßer Radicchio (oder Trevisano)
½ kleiner Chinakohl
1 Puntarella (alternativ Löwenzahn oder Chicorée)
ein paar Alfalfa-Sprossen

1. Eine Orange mit dem Messer so schälen, dass die weiße Haut nicht mehr zu sehen ist. Die Orangenfilets herausschneiden und in einer Schüssel aufheben. Den Rest auspressen.
2. Den Saft aus den restlichen zwei Orangen pressen und in einen kleinen Topf geben. Mit dem Honig, dem Mirin und dem Zucker auf die Hälfte einkochen.
3. Vom Herd nehmen und abkühlen lassen.
4. Mit dem Olivenöl und dem Miso glattrühren.
5. Radicchio und Chinakohl waschen, trockenschleudern und in Streifen schneiden.
6. Die Puntarella waschen und die Knospen mit den zartgrünen Blättern für den Salat herausschneiden (den Rest anderweitig für ein Gemüsegericht verwenden).
7. Alles auf Tellern anrichten und mit dem Blutorangen-Dressing übergießen. Die Sprossen darüberstreuen und servieren.

BUNTE SALAT-WRAPS

MIT INGWER-LIMETTEN-DRESSING

Dieses Rezept ist ein echter Resteverwerter, denn irgendwas findet sich immer im Kühlschrank, das sich zum Einwickeln für diese bunten Rollen eignet. Ich empfehle große Kohlrabiblätter zum Einwickeln, dann sind der Phantasie kaum Grenzen gesetzt. Wer einen asiatischen Touch möchte, kann noch Koriander, Minze und Thaibasilikum dazugeben. Das Dressing passt auch dazu großartig.

SALAT-WRAPS

12 große Blätter von Mangold oder Kohlrabi (Bio-Qualität)
2 Ur-Möhren
2 Karotten
1 Ringelbete (Chioggia-Bete)
1 rote Gemüsepaprika
1 gelbe Gemüsepaprika
1 kleine Gartengurke

einige Blätter Rotkohl oder roter Chinakohl
2 Stangen Staudensellerie
1 Handvoll rote Radieschen-Sprossen

DRESSING

1 EL Ingwer, frisch gerieben
1 EL Shiro Miso (s. S. 16)
1 EL Mugi Miso (s. S. 17)
1 EL Mirin*
3 EL Olivenöl
1 große Limette, frisch gepresster Saft
ein paar Tropfen geröstetes Sesamöl

1. Die großen Mangold- oder Kohlrabiblätter für 30 Sekunden in siedendem Salzwasser blanchieren.
2. Möhren, Karotten und die Bete schälen und in längliche Sticks schneiden. Alle übrigen Gemüse waschen und ebenfalls in längliche Sticks schneiden. Rot- und Chinakohl in feine Streifen zerkleinern
3. Die blanchierten Blätter nebeneinander auf einem mit Frischhaltefolie ausgelegtem Brett ausbreiten und mit den Gemüsesticks, Salatstreifen und Sprossen belegen. Die Blätter fest darum wickeln, in die Folie einrollen und fest verschließen. Die Rollen ½ Stunde im Kühlschrank ruhen lassen. Danach mit einem scharfen Messer in dicke Stücke zerteilen.
4. Die Zutaten für das Dressing mischen und mit einem kleinen Schneebesen glatt rühren.
5. Die Salatrollen damit beträufeln und die übrige Sauce separat dazu servieren.

VARIATIONEN: *Füllung mit frischer Mango oder Avocado ergänzen.*

SALAT AUS DEM MEER

MIT RÖSTGEMÜSE UND SESAM-INGWER-DRESSING

Vor nicht allzulanger Zeit, habe ich Algen für mich entdeckt. Und zwar nicht nur die, die man aus der Miso-Suppe kennt. Voller Neugier habe ich dann mit diesem Produkt experimentiert. Dabei ist ein Salat herausgekommen, der wirklich süchtig macht. Aromatisch, asiatisch angehaucht und mit feiner Säure.

FÜR 2 PORTIONEN

SALAT

10 g getrocknete Arame (Braunalgen)
1 Ur-Möhre
1 Karotte
½ Mini-Gurke (oder ein etwa fingerlanges Stück einer Salatgurke)
1 EL Rapsöl
50 g Salicornes (auch bekannt als Queller, bekommt man oft an der Fischtheke)

DRESSING

2 EL Tahini (Sesampaste)
1 walnussgroßes Stück Ingwer, geschält und gerieben
½ TL geröstetes Sesamöl
1 TL Sojasauce
1 EL Shinshu Miso (s. S. 16)
2 EL weißer Balsamico
1 EL weiße Sesamsaat, in der Pfanne ohne Fett angeröstet

1. Die Arame eine Stunde in Wasser einweichen. Danach abtropfen lassen und 10 Min in frischem Wasser sanft köcheln lassen.
2. Die Möhren schälen und in etwa ½ x ½ cm große Würfel schneiden. Die Gurke ebenfalls schälen und würfeln.
3. Für das Dressing Tahini mit dem geriebenen Ingwer, dem Sesamöl, der Sojasauce, dem Miso und dem Balsamico mischen und glattrühren.
4. In einer Pfanne das Rapsöl erhitzen und die Möhrenwürfel darin anbraten, bis sie weich, aber noch bissfest sind.
5. Die Salicornes dazugeben und etwa 30 Sekunden mitbraten. Algen und Salicornes auf mundgerechte Größe schneiden.
6. In einer Schüssel das Gemüse, die Algen und Salicornes mischen und mit dem Sesamdressing vermengen.
7. Mit Sesam bestreuen und servieren.

SPARGELSALAT

MIT CHORIZO UND ERDBEER-MISO-DRESSING

Kaum werden die Tage in Frühjahr wieder länger, sehne ich mich nach dem ersten Spargel. Ich wuchs in einer Spargelgegend auf und vermutlich wurde mir die Lust auf diese Stangen bereits in die Wiege gelegt. Als ich aber meine bevorzugte Kombination mit Erdbeeren mit weißem, süßem Miso ausprobierte, war klar: Das ist es!

DRESSING

200 g Erdbeeren
1 EL Zucker
2 EL Madeira oder Mirin*
1 EL Sake
2 EL Shiro Miso (s. S. 16)

1 EL helle Sojasauce
schwarzer Pfeffer, frisch gemahlen

100 g Chorizo, mittelscharf

SALAT

500 g weißer Spargel
1 Prise Zucker
1 Prise Salz

etwas frischer Kerbel, nach Belieben

1. Die Erdbeeren waschen, abtropfen lassen und halbieren. In eine Sauteuse oder einen Topf geben und mit dem Zucker bestreuen. 15 Minuten einfach nur ziehen lassen.
2. Nun die Erdbeeren erhitzen, bis der Zucker zu karamellisieren beginnt. Mit Madeira, Sake und Miso ablöschen, 10 Minuten sanft köcheln lassen. Die Sojasauce dazugeben.
3. Pürieren und mit Pfeffer abschmecken.
4. Die Chorizo in Würfelchen schneiden. In einer kleinen Pfanne ohne zusätzliches Fett auslassen, bis sie knusprig ist. Abkühlen lassen.
5. Den Spargel waschen und schälen. Wasser in einem hohen Topf zum Kochen bringen, jeweils eine Prise Salz und Zucker dazugeben und den Spargel darin 10 Minuten sanft kochen.
6. Spargel aus dem Sud nehmen, kurz etwas abkühlen lassen und in mundgerechte Stücke schneiden.
7. Mit dem Dressing und den Chorizowürfeln anrichten und mit etwas Kerbel bestreuen.

TIPP: *Wer dieses Gericht vegetarisch zubereiten möchte, der röstet fein geschnittenen Pumpernickel mit etwas Olivenöl und Salz in der Pfanne und gibt dies statt der Chorizo zum Salat.*

VARIANTE: *Spargel nicht kochen, sondern den geschälten Spargel in Stücke schneiden und mit etwas Öl in der Pfanne braten. Die Röstaromen sind eine tolle geschmackliche Alternative. Seine Garzeit beträgt dann etwa 8 Minuten, dabei immer wieder die Pfanne rütteln, damit er von allen Seiten angebraten wird.*

NACHGEFRAGT

bei Tanja Grandits
Restaurant Stucki, Basel

Bereits 2007 kaufte ich mein erstes Kochbuch von Tanja Grandits. Ich war bezaubert von der Art und Weise, wie diese herausragende Köchin Gerichte kreiert, die so voller Farbenpracht sind und genau das beschreiben, was ihre Küche ausmacht: sie macht fröhlich. Leuchtendes Orange, Variationen von Grün oder Malve, die gekonnt monochromatische Herangehensweise an ein Gericht war es, die mich sehr inspirierte. Und so war ich begeistert, als ich von meinem Miso-Produzenten im Schwarzwald erfuhr, dass Tanja Grandits ebenfalls eine seiner Kundinnen ist. Ich war neugierig und wollte mehr darüber wissen, wie sie Miso in ihrer Küche einsetzt und bat sie um ein Interview. Die überaus sympathische Sterneköchin sagte zu, und natürlich nutzte ich die Gelegenheit meines Besuchs in ihrem Restaurant in Basel und probierte von der aktuellen Mittagskarte Quark-Schabziger-Ravioli mit Ofen-Randen und Hibiskus-Miso-Hollandaise. Eine Kombination, die mich einfach nur glücklich gemacht hat.

Rezept im Buch

Rose und Lavendel seien nicht so optimal zu Miso, meint *Tanja Grandits*, aber mit der Kamille, da habe sie schon tolle Sachen gemacht. Auch mit Hibiskus und Minze. Die Gerichte von ihr sollen nicht nur geschmacklich begeistern, sondern auch das Auge betören.

Und so ist es ein leuchtendes Orange, das ihren Beitrag zu diesem Buch bestimmt. Helle Sojasauce, Lupinen-Miso, Sesamöl und ein Hauch von gemahlenem Anis finden sich in der Marinade für den Lachs, der auf einem Bett aus Tapioka mit Karotten-Pickles und einer buttrigen Karottencreme serviert wird. Es beschreibt genau das, wofür ihre Küche steht – beste Zutaten und ein Feuerwerk an Aromen und Farben. **Rezept auf Seite 150**

*Nach ihrem Abitur und einer Kochlehre in der **Traube Tonbach** in Baiersbronn verließ Tanja Grandits ihre süddeutsche Heimat und machte sich auf nach London. Während der gut zwei Jahre im **Claridge's** sammelte sie viele wertvolle Erfahrungen, um mit besten Referenzen im Gepäck nach Südfrankreich weiter zu ziehen. Im **Château de Montcaud** in Bagnols-sur-Cèze hatte Tanja Grandits die Gelegenheit, das Gelernte zu verfeinern, und im täglichen Einsatz entwickelte sie mehr und mehr ihren eigenen Stil. 2001 zog sie weg aus Südfrankreich und schon bald in die Küche ihres ersten eigenen Restaurants, dem **Thurtal** in Eschikofen (Thurgau, Schweiz).*

*Fleiß und Kreativität zahlten sich aus und bereits 2006 wurde Tanja Grandits vom Gault Millau als „Köchin des Jahres" und mit 16 Punkten ausgezeichnet. Noch einmal zog sie mitsamt ihren Rezepten um, dieses Mal in die Nordwestschweiz. Seit 2008 ist sie Chefin des legendären **Stucki** in Basel. Dort pflegt sie ihren unverwechselbaren Stil, inszeniert zielsicher mit Farben und Gewürzen ihre einmaligen Gerichte und wurde dafür mit 2 Sternen im Guide Michelin belohnt. Tanja, wie ihre rund 30 Mitarbeitenden sie kollegial nennen, erhielt 2013 die Auszeichnung „Koch des Jahres 2014" und ist derzeit von Gault Millau mit 18 Punkten bewertet. Sie ist heute definitiv im Kreis der Schweizer Spitzenköche angekommen und genießt international großes Renommee.*

Wie haben Sie Miso kennengelernt?

Das war sicherlich die Misosuppe. Ich bin damals direkt nach meiner Lehre nach London gegangen. Ich wollte die Küchen der Welt kennenlernen und habe bei einem ganz tollen Japaner zum ersten Mal Misosuppe gegessen. Da habe ich mich auch schon ziemlich in diesen Geschmack verliebt. Seit etwa 2006 verwende ich Miso in meiner Küche als Würzmittel und was eigentlich immer auf der Karte ist, ist die Hollandaise mit Miso, in stets abgewandelter Form.

Was ist Ihr Lieblingsgericht mit Miso?

Eine Hollandaise mit Miso ist für mich das Nonplusultra. Miso passt sich so wunderbar dem Eigengeschmack der Hollandaise an, der ja an sich schon hervorragend ist, an und gibt diese unglaubliche Würze, dieses Umami dazu. Ganz besonders zu Fisch ist es toll: zu gegartem, halb gegartem oder rohem Fisch. In immer wieder abgewandelter Form. Man muss dabei allerdings aufpassen, dass man es nicht mit zu sauer-spritzigen Komponenten kombiniert, es verlangt immer eine gewisse „Grundwärme", dann ist Miso die Krönung.

Sehr gerne verwende ich Miso auch für Marinaden, wie beispielsweise beim Lachs-Tataki, die bewirkt, dass unterm Salamander (Grill) eine leichte, würzige Karamell-Note entsteht.

Gibt es eine Miso-Sorte, die Sie besonders mögen?

Lupinen-Miso ist mein derzeitiger Favorit. Es ist von der Farbe her toll, weil es hell ist, erinnert also sehr an klassisches Shiro Miso. In meiner Küche spielen Farben eine ganz wichtige Rolle und daher ist eine helle Miso-Paste immer besser einzusetzen, als dunkle. Außerdem gefällt mir der regionale Aspekt des Produkts sehr gut.

ZUCCHINI-NUDELN

MIT KOKOSCHIPS UND MISO-TOMATEN

Den Geschmack von Geräuchertem finde ich grandios. Wo immer sich also die Gelegenheit ergab, streute ich bislang reichlich Pimentón de la Vera über die Speisen. Bis ich dann entdeckte, dass es – ganz ohne Smoker – diesen rauchigen Geschmack auch in flüssiger Form gibt. Und genau das ist es, was diesen Kokoschips ihren Kick gibt.

FÜR 2 PORTIONEN

KOKOSCHIPS

2 EL natives Kokosöl, geschmolzen
1 EL Tamari
1 EL Ahornsirup
½ TL Knoblauchpulver (oder 1 Zehe, geschält und durchgepresst)
½ TL Pimentón de la Vera (s. S. 157)
1 TL Liquid Smoke (siehe Hinweis)
schwarzer Pfeffer, frisch gemahlen
1 gute Handvoll ungesüßte Kokoschips

NUDELN

2 Handvoll Cocktailtomaten
3 EL Olivenöl
1 EL brauner Zucker
5 EL Tomatenpüree (Passata)
2 EL Genmai Miso (s. S. 17)
1 Prise getrockneter Rosmarin
300–400 g Zucchini
1 geh. TL gekörnte Gemüsebrühe
50 ml Wasser
Salz

etwas Daikon-Kresse

1. Kokosöl mit Tamari, Ahornsirup, Knoblauch- und Paprikapulver sowie Liquid Smoke vorsichtig mit den Kokoschips vermengen, Pfeffer ebenfalls untermischen. Den Ofen auf 80 °C vorheizen und die Chips auf einem mit Backpapier ausgelegten Backblech verteilen. Für 25 Minuten in den Ofen geben. Sie werden erst beim Auskühlen richtig fest.
2. Die Cocktailtomaten halbieren. In einer großen Pfanne 2 EL Olivenöl erhitzen und die Tomaten dazu geben. Mit braunem Zucker bestreuen. Bei mittlerer Hitze schmelzen lassen. Das Tomatenpüree und das Miso dazugeben und gut umrühren. Den getrockneten Rosmarin dazugeben, Pfanne vom Herd nehmen. Bei Bedarf noch ein wenig nachwürzen. Die Sauce in einem kleinen Topf mit Deckel auf die noch warme, aber abgestellte Platte stellen und die Pfanne auswischen.
3. Mit einem Spiralschneider aus den Zucchini „Nudeln" schneiden. 1 EL Olivenöl in der Pfanne erhitzen und die Zucchininudeln dazugeben. Mit der gekörnten Brühe bestreuen und das Wasser dazu geben. Etwa 4 Minuten unter gelegentlichem Rühren weiterdünsten. Mit Salz abschmecken.
4. Nudeln auf Tellern verteilen, Tomatensauce darüber geben. Mit Kokoschips und Blättchen der Daikon-Kresse bestreuen.

HINWEIS: *Liquid Smoke (Hickory-Raucharoma) ist ein flüssiges Aroma, das durch Kondensation des Rauches vom Hickory Pekannussbaum gewonnen wird. Es gibt hier einige Unterschiede, was die natürliche Zusammensetzung anbelangt. Im Idealfall besteht Liquid Smoke nur aus Wasser und kondensiertem Rauch.*

GLASIERTE MISO-PILZE

AUF ERBSENPÜREE

Alles wird besser mit Butter, heißt es immer. Das lasse ich so stehen, füge aber noch Miso hinzu. Denn Miso-Butter habe ich stets im Kühlschrank. Mit ihr kann man in kürzester Zeit ein aromatisches Gericht zaubern. Selbst einfaches, frisches Weißbrot wird, gebraten mit Miso-Butter in der Pfanne, ein Hochgenuss. Und auch Pilze sind ein dankbarer Partner dieser einfachen Veredelungsmöglichkeit.

FÜR 2 PORTIONEN

ERBSENPÜREE

450 g TK Erbsen
2 Zweige Basilikum (etwa 10 Blätter)
2 EL Crème fraîche
Salz

PILZE

300 g Pilze (Shimeji, Enoki, Shiitake, Champignons, Kräuterseitlinge)
3 TL Miso-Butter (Rezept, s. S. 19)
1 TL Portwein
schwarzer Pfeffer, frisch gemahlen

1. Die Erbsen mit etwas Wasser in einen Topf geben und bei geschlossenem Deckel etwa 10 Minuten köcheln lassen.
2. Abgießen, dabei die Kochflüssigkeit auffangen.
3. Das Basilikum kurz überbrausen, trocken schütteln und in Streifen schneiden.
4. In einer Schüssel die Erbsen mit der Crème fraîche und dem Basilikum pürieren. Mit Salz abschmecken.
5. Die Pilze mit einem sauberen Küchentuch abwischen oder mit einer Pilzbürste säubern. Die erdigen Füße der Pilze abschneiden, größere Pilze in Scheiben schneiden. Die Stiele der Shiitake ganz entfernen.
6. In einer Pfanne 2 TL Miso-Butter schmelzen. Die Pilze dazugeben und gut umrühren. Nach etwa 2 Minuten den Portwein zugießen und ca. 10 Minuten weiterdünsten.
7. Den Rest der Miso-Butter darübergeben, umrühren und großzügig mit frisch gemahlenem Pfeffer bestreuen.

GRÜNE BOHNEN

MIT WALNUSS-MISO-SAUCE

Schon als Kind habe ich das leicht quietschende Geräusch beim Biss in gegarte Bohnen geliebt. Und so kann ich es kaum erwarten, bis es sie frisch auf dem Markt gibt. Ihr milder, etwas erdiger Geschmack eignet sich perfekt für eine Kombination mit Walnüssen und Miso. Je nach Lust und Laune kann man mit Ingwer variieren. Sie sind pur ein Genuss, aber auch ein hervorragender Begleiter eines schönen Steaks und ofengerösteter Tomaten.

BOHNEN

750 g grüne Bohnen

SAUCE

1 walnussgroßes Stück Ingwer (oder mehr, nach Geschmack)

2 EL Saikyo Miso (s. S. 16), alternativ: Shiro oder Shinshu Miso (s. S. 16)

1 TL leichte Sojasauce

60 g Walnüsse, gehackt

1. Die Bohnen an den Enden trimmen und die Fäden entfernen.
2. In kochendem Salzwasser etwa 7 Minuten köcheln, danach in eiskaltem Wasser abschrecken und warmstellen.
3. Den Ingwer schälen und auf einer Ingwerreibe reiben. Mit dem Miso und der Sojasauce mischen. Die gehackten Walnüsse unterrühren.
4. Die warmen Bohnen auf einen Teller geben und die Sauce darüber verteilen, direkt servieren.

TIPP: *Für einen intensiveren Geschmack röste ich zuerst die ganzen Walnusskerne in der Pfanne und zerhacke sie dann grob.*

VEGETARISCHE GYOZA

MIT BÄRLAUCH, SPITZKOHL UND SHIITAKE

Als ich das erste Mal in Japan Gyoza gegessen habe, war das ein echtes Aha-Erlebnis. Sie sind einfach großartig und ich habe noch niemanden kennengelernt, der nicht verrückt nach ihnen ist. Das Falten erfordert zwar ein wenig Geschick, aber sie sind wirklich einfach nachzumachen. Grundsätzlich sind es nie genug, daher direkt die doppelte Menge zubereiten und den Rest dann einfrieren.

FÜR 20 GYOZA

FÜLLUNG

100 g Spitzkohl, 60 g Shiitake
1 Bund Bärlauch (etwa 20 Blätter)
½ Bund Schnittlauch
1 Knoblauchzehe, geschält und fein gehackt
2 cm Ingwer, geschält und frisch gerieben, inkl. Saft
1 TL geröstetes Sesamöl
ein paar Tropfen Chiliöl, 1 TL Sojasauce
1 EL Hatcho oder Kichererbsen-Miso (s. S. 17 und 15)

20 Gyoza-Teigblätter (TK-Ware; aus dem Asialaden, alternativ: Wan-Tan-Blätter)
2 EL Öl zum Braten
1 TL geröstetes Sesamöl zum Braten
60 ml Wasser

DIP

3 EL Sojasauce (Shoyu)
1 EL weißer japanischer Reisessig
½ TL Chiliöl

1. Den Spitzkohl in sehr feine Streifen schneiden, die Streifen fein würfeln und in eine Schüssel geben.
2. Die Stiele der Pilze abschneiden, dann die Shiitake sehr fein würfeln und zum Spitzkohl geben.
3. Den Bärlauch abbrausen, trocken schütteln und fein hacken. Den Schnittlauch in feine Röllchen schneiden. Mit dem Knoblauch in die Schüssel geben.
4. Geriebenen Ingwer mitsamt Saft und Sesamöl, Chiliöl, Sojasauce sowie Hatcho Miso mischen. Mit den Händen gut unter das Gemüse mengen und eine halbe Stunde ziehen lassen.
5. Währenddessen Gyozablätter auftauen lassen. Zutaten für den Dip in einer kleinen Schüssel vermischen und kühlen.
6. Eine Schale mit Wasser für die Finger bereitstellen.
7. Die Teigblätter vorsichtig trennen. Je ein Blatt auf die Hand legen und jeweils 1 TL von der Pilzmischung mittig darauf setzen. Eine Seite zu ¾ darüber klappen. Den noch freien Teigrand mit etwas Wasser befeuchten, in Falten über die Gegenseite legen und fest andrücken. Auf eine bemehlte Arbeitsfläche legen, damit sie nicht aneinander kleben.
8. Eine beschichtete Pfanne mit Deckel stark erhitzen und etwa 1 EL Bratöl mit ein paar Tropfen des gerösteten Sesamöls erhitzen. Die Gyozas darin anbraten. Sobald eine Seite angebräunt ist, Wasser zugießen und sofort den Deckel schließen (ideal ist hier ein Glasdeckel). Sobald die Flüssigkeit verkocht ist, Gyozas noch ein wenig weiter braten und vorsichtig mit einem Holzwender aus der Pfanne heben. Entweder sofort auf kleinen Tellern mit dem Dip servieren, oder warmstellen, um die nächsten Gyoza zu braten.

天吹

PASTINAKEN-GOLDRÜBEN-QUICHE

Wenn Gäste kommen, liebe ich es, eine schöne Quiche zu servieren. Und oft ist es so, dass sich nach dem Wochenende alle möglichen Gemüsereste im Kühlschrank tummeln – hier zwei einzelne Möhren, da ein Kohlrabi und eine halbe Zucchini –, die verarbeitet werden müssen. Auch dafür ist diese Quiche passend.

FÜR 1 TARTEFORM, Ø 24 CM

TEIG

250 g Weizenmehl, Type 1050 (alternativ: Dinkelmehl, Type 1050)
½ TL Salz
100 g Butter, kalt und in Flöckchen
1 Ei
2–3 EL Wasser

FÜLLUNG

350 g Pastinaken
2 rote oder lila Möhren
1 Goldrübe (ca. 250 g, alternativ: Mai-, Herbst- oder kleine Steckrübe)
2 rote Zwiebeln
1 EL Butter
1 EL Rosmarin, getrocknet
Salz, weißer Pfeffer, frisch gemahlen

BELAG

250 g Sahne, 3 Eier
2 EL Genmai Miso (s. S. 17)
3 EL Gruyère oder anderer würziger Käse, gerieben

1. Für den Teig Mehl mit dem Salz mischen. Butter, Ei und Wasser hinzufügen und alles mit den Knethaken des Handrührgeräts kurz vermischen. Mit den Händen auf einer bemehlten Arbeitsfläche rasch zu einem glatten Teig verarbeiten.
2. Die Form einfetten. Den Teig auf der bemehlten Arbeitsfläche dünn ausrollen, Form damit auslegen und einen 4 cm hohen Rand formen. Boden mit einer Gabel mehrmals einstechen und den Teig 30 Minuten kalt stellen.
3. Den Ofen auf 200 °C vorheizen.
4. Für den Belag die Pastinaken, Möhren und die Goldrübe schälen und in 1×1 cm große Würfel schneiden. Die Zwiebeln fein hacken. In einer großen Pfanne die Butter erhitzen und die Zwiebeln darin glasig anschwitzen. Die Gemüsewürfel dazugeben, den Rosmarin darüberstreuen und zuerst unter Rühren anbraten. Dann etwa 4 Minuten bei geschlossenem Deckel und mittlerer Temperatur garen. Vom Herd ziehen und etwas abkühlen lassen. Mit Salz und Pfeffer abschmecken.
5. Die Sahne mit den Eiern und dem Miso verrühren. Den geriebenen Käse untermischen.
6. Den Teig zuerst 10 Minuten vorbacken. Das Gemüse auf den Teig geben und mit der Miso-Ei-Sahne begießen.
7. Vor Servieren ein wenig abkühlen lassen und einen grünen Salat dazu servieren.

TIPP: *Diese Quiche lässt sich mit vielerlei Gemüse zubereiten. Gut passen auch Schwarzwurzeln, Kohlrabi oder Ringelbete.*

PENNE

MIT MISO-TOMATEN-SAUCE UND OLIVEN

Als ich zum ersten Mal eine, von einem japanischen Koch mit Miso verfeinerte, einfache Tomatensauce probieren durfte, war dies wie die Entdeckung einer neuen Welt. Die Sauce war viel fülliger, reichhaltiger in ihrem Aroma. Der würzige Tomatengeschmack, der ja je nach Tomatensorte auch leicht süß ist.

Immer im Spätsommer koche ich die sonnengereiften Tomaten vom Markt ein. Wenn sie langsam im Topf schmoren, duftet die ganze Küche nach Sommer. Im Winter, wenn es keine frischen Eiertomaten gibt, meine Lieblingssorte neben der Ochsenherztomate, und die Bestände an Tomatensauce aufgebraucht sind, greife ich auf San-Marzano-Tomaten aus der Dose zurück.

Salz wird in dieser Sauce überhaupt nicht gebraucht, das Miso sollte salzig genug sein.

FÜR 2 PORTIONEN

SAUCE

500 g frische, sonnengereifte Tomaten (oder 400 ml aus der Dose)
1 TL Zucker
3 TL Genmai Miso (s. S. 17)
4 Zweige Thymian

250 g Penne oder andere Röhren-Nudeln
1 Handvoll Kalamata-Oliven, ohne Stein
Parmesankäse, frisch gerieben

1. Die Tomaten kreuzweise am Blütenansatz einritzen und mit kochendem Wasser überbrühen. Die Haut abziehen, die Tomaten vierteln und entkernen, den Strunk jeweils entfernen. Die Tomatenviertel langsam in einem breiten Topf bei mittlerer Temperatur mit dem Zucker schmoren. Das Miso unterrühren und die Temperatur herunterdrehen. Die abgestreiften Thymianblättchen dazugeben.
2. Die Nudeln nach Packungsanweisung in Salzwasser al dente kochen und abgießen.
3. Auf tiefe Teller geben und die Tomatensauce darüber verteilen. Die Oliven dazugeben und mit dem frischen geriebenen Parmesan bestreut servieren.

TIPP: *Statt Thymian passen auch frische Korianderblättchen dazu. Sie harmonieren toll mit der Tomatensauce und sorgen für noch mehr Asien auf dem Teller.*

AUBERGINEN

MIT MISO-DRESSING (NASU DENGAKU)

Butterweich geschmorte Auberginen, mit einem Miso-Dressing karamellisiert – das ergibt ein vegetarisches Gericht mit hoher Anziehungskraft. Es ist ein Klassiker der japanischen Küche und so oder in Variationen auf fast jeder Karte dortiger Restaurants zu finden. Es ist schnell zubereitet und wird klassisch mit Reis serviert. Im Original wird natürlich japanische Sesamsauce verwendet, doch ich habe die Erfahrung gemacht, dass das orientalische Tahini wesentlich einfacher zu bekommen ist und sich mindestens genauso gut dafür eignet.

FÜR 2 PORTIONEN

GEMÜSE

1 große Aubergine oder 6 kleine lila Auberginen
1 EL Olivenöl
Meersalz

DRESSING

2 EL Shiro Miso (s. S. 16)
1 TL Zucker
1 EL Mirin*
2 EL Sake*
2 EL Wasser
1 EL Tahini*

weiße und schwarze Sesamsaat, angeröstet
1 Frühlingszwiebel, das Grün in feine Röllchen geschnitten

1. Den Ofen auf 220 °C vorheizen.
2. Die große Aubergine in mundgerechte (ca. 3 × 3 cm) Würfel oder Halbscheiben schneiden. In eine Schüssel geben, das Olivenöl darüber geben und mit den Händen gut vermischen. Ein Backblech mit Backpapier auslegen und die Auberginen darauf verteilen. Mit dem Meersalz bestreuen und dann ca. 25 Minuten im Ofen rösten.
3. Währenddessen alle Zutaten für das Miso-Dressing mischen.
4. Die vorgegarten Auberginen in eine ofenfeste Form geben und das Miso-Dressing darüber verteilen. Weitere 5–10 Minuten im Ofen karamellisieren lassen.
5. In kleine Schüsseln geben, mit weißem und schwarzem Sesam und dem Frühlingszwiebelgrün bestreuen. Reis dazu servieren.

TAGLIATELLE

MIT PILZEN UND MADEIRA-MISO-SAHNE

Als ich die Rezepte für dieses Buch aussuchte, war ich mir bei diesem nicht ganz sicher, denn die Sahnesauce erschien mir zunächst zu belanglos. Doch ich habe das Gericht schon mehrmals für Freunde gekocht, gerade weil es so schön simpel ist, und es setzt das Hatcho Miso wunderbar in Szene, dass keiner richtig nachvollziehen konnte, warum gerade dieses Rezept fehlen sollte. Also ließ ich mich überzeugen, denn es gehört einfach zu meinem „Miso-Repertoire" dazu.

SAUCE

200 g Shiitake
200 g Austernpilze
1 TL Butter
1 geh. EL Steinpilzpulver (siehe Hinweis)
½ Bund Thymian, Blättchen gezupft
200 ml Sahne
1 geh. EL Hatcho Miso (s. S. 17), alternativ: Mugi Miso, (s. S. 17)
50 ml Madeira
1 EL dunkle Sojasauce
2 EL alter Balsamico

500 g Tagliatelle

frischer, grüner Pfeffer, in Butter gedünstet, oder bunter Pfeffer, frisch gemahlen
50 g Pecorino (alternativ: Parmesan), fein gerieben

2 Frühlingszwiebeln, das Grün in feine Streifen geschnitten

1. Die Stiele der Shiitake abschneiden , die Hüte in Streifen schneiden. Die Austernpilze in Streifen zupfen.
2. In einer breiten Pfanne die Butter aufschäumen lassen, die Pilze hineingeben und bei mittlerer Hitze 2–3 Minuten braten. Das Steinpilzpulver und die Thymianblättchen dazugeben und weitere 5 Minuten garen, immer wieder umrühren.
3. In einer Schüssel die Hälfte der Sahne mit dem Hatcho Miso und dem Madeira verrühren. Die Sojasauce und den Balsamico dazugeben.
4. Die Mischung über die Pilze gießen und sanft köcheln lassen. Die restliche Sahne dazugeben. Nach Bedarf noch etwas Sojasauce ergänzen.
5. Die Nudeln nach Packungsanweisung al dente kochen, abgießen und auf Tellern verteilen.
6. Pilzsahne darüber gießen und nach Belieben mit grünem oder buntem Pfeffer und Pecorino bestreuen. Mit Frühlingszwiebeln garniert sofort servieren.

HINWEIS: *Das Steinpilzpulver kaufe ich immer im Herbst auf dem Viktualienmarkt in München an einem der Pilzstände. Es ist so schön intensiv, dass ein kleiner Beutel ewig hält. Die Pilzsauce erhält dadurch ein ganz besonders intensives Aroma, das von den warmen Noten des Hatcho Miso dankbar aufgenommen wird. Man bekommt es in Feinkostläden, Gewürzläden oder auf dem ein oder anderen Wochenmarkt.*

Denke ich an Miso, habe ich dieses ganz bestimmte Bild vor Augen: Riesige Zedernholzfässer, auf deren Deckel kunstvoll Steine in Form einer Pyramide aufgetürmt sind. Ich war geradezu besessen vom Gedanken, dass ich nicht eher aus Japan zurückkommen könne, bevor ich nicht diese Fässer gesehen hätte. Dafür fuhr ich zunächst nach *Nagano*: keine Steine. Weiter nach *Niigata* an die Westküste, doch auch hier: Fehlanzeige. Wohin ich auch kam, überall wurde Miso in gewöhnlichen Holzfässern ohne Steine gelagert. Ich war ratlos und erzählte Freunden in Tōkyō davon, mit denen ich in einem Restaurant verabredet war, das auf Miso spezialisiert ist. Der Restaurantbesitzer und Miso-Sommelier *Tetsuo Doppei*, für meine Freunde ist er der ehrenwerte *Doppei-san*, war lange selbst im Miso-Handel tätig, bis er vor einigen Jahren dieses Restaurant eröffnete. Noch heute stehen die Fässer und Bottiche neben dem Eingang, und wer hier nicht zum Essen kommt, der kauft stattdessen etwas Miso für zuhause. *Doppei-san* achtet sehr genau darauf, dass hier nur bestes Miso, unpasteurisiert und lange gereift, verkauft wird.

Meine Begleiter gaben sich alle Mühe, mich und die Fässer mit den Steinen, von denen ich jetzt weiß, dass sie für *Hatcho Miso* benötigt werden, zueinander zu bringen. Der japanischen Unterhaltung konnte ich leider nicht folgen, doch plötzlich strahlten sie mich an und meinten: „Claudia, wir haben die Lösung gefunden, du musst in die *Aichi*-Präfektur!". *Doppei-san* hatte schon sein Mobiltelefon gezückt. Er habe dort einen Freund, der spräche sogar meine Sprache. Ein Miso-Fabrikant, der meine Sprache spricht, wo eben jene Holzfässer für *Hatcho Miso* stehen und der sich noch dazu freut, mich dort zu begrüßen. Ich konnte mein Glück kaum fassen! Was auch bedeutete, dass ich meine Pläne anpassen und natürlich in die *Aichi*-Präfektur reisen musste.

Zwei Tage später machte ich mich auf den Weg. Über *Nagoya* fuhr ich bis *Toyahashi*, dann weiter mit einem Regionalzug nach *Higashi/Okazaki*. Zum ersten Mal seit meiner Ankunft in Japan goss es in Strömen, es war kalt und noch immer nagte der Zeitunterschied an mir. *Nobutaro Asai*, der sich selbst *Mr. Hatcho* nennt, stand bereits am Bahnhof und wartete auf mich. Sichtlich erfreut, sich nach langer Zeit wieder einmal auf Deutsch unterhalten zu können, berichtete er mir gleich von seiner Zeit in Deutschland und wie schön es doch sei, dass mich meine Reise zu den Ursprüngen des Misos hierher geführt hätte.

Natürlich hatte ich keinen Schirm dabei und leicht verkrampft versuchte ich, die Kamera vor dem Regen zu schützen. Als er mich kurz darauf auf den Hof seiner Miso-Manufaktur führte, war ich wie elektrisiert. Da standen sie: riesige, leere Zedernholzfässer, einige von ihnen mehr als hundert Jahre alt. In regelmäßigen

HATCHO MISO

UND DIE GESICHTER DER STEINE

1

2

3

4

5

6

7

8

9

[1] jahrhundertealte Schriften eines früheren Miso-Meisters [2] Miso-Fässer, die zum Trocknen lagern [3] [6] [7] Steine werden kunstvoll auf die Fässer geschichtet [4] Detail eines alten Miso-Fasses [5] Hatcho Miso, hübsch verpackt im Retro-Look [8] „Mr. Hatcho" Nobutaro Asai, der Präsident von Maruya Hatcho Miso [9] so wurde Miso früher transportsicher verpackt (im Miso-Musem)

Abständen werden sie immer wieder mit Salz gereinigt, bevor sie aufs Neue mit Miso gefüllt werden. *Asai-san* erklärte mir, dass es nur noch einen einzigen Fassbauer in Japan gäbe, was sehr bedauerlich sei. Und dann endlich, in der Halle daneben, die gefüllten Fässer mit kunstvoll aufgeschichteten Kronen aus Steinen. Ein Mitarbeiter war gerade damit beschäftigt, auf einem weiteren Fass die Steine zu stapeln. Es ist wichtig, wie die Steine darauf platziert werden. Sie haben ein Gesicht. Das Gesicht der Steine müsse immer nach außen schauen. Ich konnte kein Gesicht erkennen, aber wer sich ein Leben lang mit dem Schichten von Steinen beschäftigt, dem erschließen sich sicherlich mehr Details als mir. Für mich sahen sie einfach nach sehr großen Kieselsteinen aus. Nur noch sehr wenige Menschen in Japan sind mit der Kunst des Steineschichtens vertraut. Die Steine müssen so angeordnet sein, dass sie ein Erdbeben überstehen und ihr Gewicht muss in einem exakten Verhältnis zum Gewicht des Fasses stehen, in dem das *Hatcho Miso* lagert. 3 Tonnen (!) wiegen die Steine auf jedem der 6-Tonnen-Fässer.

EIN GANZ BESONDERES MISO

Dieses besondere Miso, das lediglich aus Sojabohnen besteht, und nicht wie die meisten aus Getreide und Reis, hat eine lange Geschichte. Hier in der 8th Street (*Hatcho* – „ha" bedeutet Acht und „cho" steht für Stadtviertel) wird seit 1337 *Hatcho Miso* hergestellt – das edelste Miso Japans. Es braucht lange Fermentierungszeiten sowie die heißen Sommer und die milden Winter dieser Region. Drei Jahre reift es in den Fässern, bis die Steine wieder entfernt werden und die tiefdunkelbraune Paste endlich fertig ist. Das duftende Miso wird seit jeher von Kaisern und Shogunen, aber auch vom Volk geschätzt. Der Siegeszug dieses Misos begann im späten fünfzehnten Jahrhundert. *Okazaki* war die Heimat eines der berühmtesten Kriegsherren Japans, *Tokugawa Ieyasu*, dessen Kämpfe in dem Buch *Shogun* von *James Clavell* beschrieben werden. Unweit des Schlosses verkaufte die kleine Manufaktur das kraftvolle Miso für das Frühstück des Shoguns. Weil es annähernd unbegrenzt haltbar war, Kraft und die notwendigen Mineralstoffe lieferte, gehörte es bald zur Standardausstattung von *Tokugawas* Truppen. Nachdem seine ruhmreiche Armee Japan erobert und vereinigt hatte, verlegte der Shogun seinen Wohnsitz nach Tōkyō, ohne jedoch auf das Miso seiner Heimat verzichten zu wollen. So wurde die Manufaktur 1892 zum offiziellen Hoflieferant des Kaisers ernannt.

Nachdem mich *Asai-san* in der Küche der Manufaktur eine wunderbare Suppe mit *Hatcho Miso* kosten ließ, führte er mich in einen kleinen Raum. Er zog sich weiße Baumwollhandschuhe an, öffnete eine alte Kiste und holte einen in weiße Tücher gehüllten Gegenstand hervor. Es handelte sich um ein uraltes Buch, wobei es mehr einer querformatigen Loseblattsammlung glich. Viele Seiten alten Papiers, die nach traditioneller japanischer Art mit einem Faden gebunden waren. Es war schmal, jedoch lang wie eine Elle. Vorsichtig blätterte er es auf. Kunstvolle Schriftzeichen waren zu

10

11

12

10 jedes Fass ist exakt beschriftet, um die Lagerzeit sofort erkennen zu können 11 typische Steine zum Beschweren der Fässer 12 Die Steine müssen so geschichtet werden, dass sie ein Erdbeben überstehen. 13 altes Werkzeug zum Stampfen der Sojabohnen 14 alte Bottiche im Miso-Museum

sehen, aber auch etwas, was als Listen interpretiert werden könnte. Es handelte sich jedoch um eine so alte Schrift, dass nicht einmal mein Begleiter sie lesen konnte. Dieses Buch, das einst dem obersten Miso-Macher der Manufaktur gehörte, sei so etwas wie ein Tagebuch der Miso-Produktion. Studenten einer Universität in Tōkyō haben es teilweise übersetzt. Gebannt starre ich auf die vergilbten Seiten und rätsle, worüber dieser Mann vor Hunderten von Jahren wohl geschrieben hat. Wie das Wetter war? Und wie das Miso reifte? *Asai-san* wurde ans Telefon gerufen und ich saß auf einmal allein mit diesem Buch im Raum. Ganz vorsichtig nahm ich einen der Handschuhe und blätterte mit der allergrößten Sorgfalt ehrfurchtsvoll die Seite um. Niemand in der Nähe, der in der Lage war zu lesen, was hier geschrieben stand. Es war ein magischer Augenblick. Mir wurde bewusst, dass ich in diesem Moment mit den Aufzeichnungen der ältesten *Hatcho Miso* Manufaktur irgendwo in einer kleinen Stadt in Japan saß, ganz allein, der süße Duft von Miso in der Luft. Im Hintergrund rauschte der Regen. Dann nahm mich *Asai-san* mit in das Nachbargebäude der Manufaktur. Hier wird liebevoll ein kleines Miso-Museum aufgebaut. Ich sah noch mehr alte Fässer, Wannen und Werkzeuge, um die Sojabohnen zu stampfen. Und wieder sah ich Hallen voller Zedernholzfässer, alle gefüllt mit bestem *Hatcho Miso.* Jenes Miso, das ein wenig an dunkle Schokolade erinnert und das von festerer Konsistenz ist, als die anderen Miso-Sorten. Selbst wenn andere Miso-Hersteller in Japan manchmal die Bezeichnung „Hatcho Miso" verwenden, ist nur das Miso, das seit mehr als einem halben Jahrtausend nach dem gleichen Prinzip hergestellt wird, das authentische *Hatcho Miso* aus *Okazaki*.

13

14

GRÜNER SPARGEL

MIT POCHIERTEM EI UND JAPANISCHER HOLLANDAISE

Eine großartige Hollandaise selbst zu machen, ist viel einfacher als die meisten denken. Um zu vermeiden, dass sie gerinnt, darf man auch ein wenig schummeln. Alles, was man dazu benötigt, ist ein Teelöffel Crème fraîche oder Sahnejoghurt. Puristen mögen vielleicht kurz mit den Mundwinkeln zucken, aber mit diesem Rezept kriegt man sie alle!

SPARGEL

2 kg grüner Spargel (nach Möglichkeit aus heimischen Gefilden)
1 Prise Salz
1 Prise Zucker

HOLLANDAISE

350 g Butter
3 Eigelbe
½ Zitrone, Saft
1 TL Crème fraîche
1 EL Shiro Miso (s. S. 16) oder Saikyo Miso (s. S. 16)

4 sehr frische Eier
3–4 EL neutraler Essig, z. B. weißer Reisessig

ein paar Schnittlauchröllchen

1. Den grünen Spargel waschen, die trockenen Enden abschneiden und das untere Drittel schälen.
2. In einem hohen Topf (am besten in einem Spargeltopf) mit etwas Salz und Zucker etwa 10 Minuten bissfest kochen.
3. Die Butter in einem kleinen Topf schmelzen lassen.
4. Die Eigelbe, 1 EL Zitronensaft, die Crème fraîche und das Miso in einen Becher mit hohem Rand geben. Mit dem Pürierstab aufschlagen und zuerst nur tropfenweise, dann in einem dünnen Strahl die geschmolzene Butter dazugeben. Die weiße Schicht dabei möglichst im Topf zurückhalten.
5. Mit dem restlichen Zitronensaft abschmecken.
6. In einem großen Topf Wasser mit dem Essig zum Kochen bringen. Nacheinander die Eier in eine Tasse schlagen und von dort aus vorsichtig in das siedende Wasser gleiten lassen. Am besten klappt das, wenn man davor das Wasser umrührt, so dass es einen leichten Strudel bildet. Das Eiweiß legt sich so besser um die Dotter. 3 Minuten sanft köcheln lassen und mit einem Schaumlöffel herausheben.
7. Den Spargel auf Tellern anrichten, die pochierten Eier daraufsetzen, mit der Miso-Hollandaise beträufeln, die Schnittlauch-Röllchen darüber streuen und sofort servieren.

MISO & MAPLE

GERÖSTETES WURZELGEMÜSE

Mein Markthändler schmunzelt immer, wenn ich vor seinen wundervollen Rüben stehe und mich wieder nicht entscheiden kann. Goldrüben, Ringelbete, Rote Bete, Möhren in allen Farben und Formen und natürlich weitere Wurzelgemüse wie Pastinaken und Petersilienwurzeln. Manchmal gesellen sich dazu auch ein paar exotische Zimtkartoffeln. Am liebsten alles auf einmal – und genau dafür brauchte ich ein Rezept. Und zwar eines, das die wunderbar erdigen Aromen voll zur Geltung bringt. Im Ofen geröstet und mit Miso und Ahornsirup verfeinert ist dies eines meiner Lieblingsgerichte, ganz besonders in der kühleren Jahreszeit. Der Apfelbalsamico rundet mit seiner angenehmen Säure den Geschmack schön ab.

FÜR 2 PORTIONEN ALS HAUPTGERICHT ODER FÜR 4 PORTIONEN ALS BEILAGE

MARINADE

1 EL Genmai Miso (s. S. 17)
1 TL Sojasauce
1 EL Rapsöl
2 EL Ahornsirup
2 EL Apfelbalsamico (alternativ: je 1 EL Apfeldicksaft und weißer Balsamico)
1 TL Reisessig

GEMÜSE

4 bunte Möhren
1 mittelgroße Süßkartoffel
2 Petersilienwurzeln
2 Pastinaken
1 Ringelbete (Chioggia-Bete)
1 Gelbe Bete

1. Den Ofen auf 200 °C vorheizen.
2. Das Miso mit der Sojasauce, dem Öl, dem Ahornsirup, dem Apfelbalsamico und dem Reisessig mischen.
3. Die Wurzeln und Bete schälen und würfeln, kleinere Wurzeln nur halbieren.
4. Alles Gemüse mit der Marinade in eine Schüssel geben und mit den Händen vermengen, so dass die Gemüsewürfel davon überzogen sind.
5. Ein Backblech mit Backpapier auslegen und das Gemüse darauf verteilen. Dabei darauf achten, dass sich möglichst wenig Überlagerungen bilden, da dies die Garzeit beeinflusst.
6. 30 Minuten im Ofen rösten. Pur mit einem grünen Salat genießen oder als Beilage z. B. zu einem Wild- oder Schmorgericht servieren.

Welche fünf Begriffe fallen einem ein, wenn man an den Schwarzwald denkt? Kuckucksuhren, Bollenhut, Schinken, Kirschtorte und – Miso. Miso? Es ist nicht schwer, hier über genau diesen Begriff zu stolpern, der in diese Aufzählung so gar nicht reinpassen will. Kaum einer kennt Miso aus dem Schwarzwald, doch daran könnte – und sollte sich auch – bald etwas ändern.

Genau dieses Miso war schon mehrfach der Grund, weshalb ich auf meinem Weg in die badische Heimat nicht die vertraute Route über die Autobahn wählte, sondern kurz hinter Stuttgart in den Süden, Richtung Hochschwarzwald fuhr.

Ziel meines Ausflugs ist die kleine Miso-Manufaktur von *Peter Koch*. Rund um sein Haus und die nicht weit davon entfernte Produktions- und Lagerstätte gibt es so gut wie nichts. Äcker, ein paar Künstlerhäuser mit schrägen Skulpturen im Vorgarten, ein längst verlassenes Teehaus. Und sonst schlicht und einfach … Natur.

Ich habe kiloweise Miso aus Japan angeschleppt, habe in den letzten Jahren immer wieder die japanischen (Bio)-Miso-Produzenten auf der *Biofach* in Nürnberg besucht, experimentiere seit Langem in der Küche mit dieser Zutat und dann entdecke ich plötzlich, dass mitten im Schwarzwald ebenfalls ein Mensch diese große Leidenschaft für Miso mit mir teilt und es selbst herstellt. Und es schlicht *Schwarzwald Miso* nennt.

Begonnen hat bei *Peter Koch* alles mit einem japanischen Zenmeister im Jahr 2006. Er besuchte die kleine Siedlung am Rande *Villingen-Schwenningens* und lehrte die Mutter von *Koch* die Kunst der Miso-Herstellung. Die Leidenschaft für die fermentierte Sojabohnenpaste sprang auf den Sohn über und dieser machte sich auf nach Japan, um noch mehr darüber zu lernen. *Koch* klopfte bei dem wohl einzigen, nicht-japanischen Miso-Hersteller in der Nähe von *Osaka* an die Tür. „Einfach so, ich hatte keinen Termin", er schmunzelt dabei. Dort und bei weiteren Herstellern vertiefte er sein Wissen über die Miso-Herstellung. Er lernte, was wirklich wichtig ist, um bestes Miso zu machen: Zeit. Einfach viel Zeit. Mindestens ein Jahr darf sein Miso sich entwickeln. Je länger, desto dunkler wird es. Sojabohnen und Reis werden gedämpft und mit dem *Koji-Pilz* infiziert. Luftdicht verschlossen verwandeln sich nun die Sojabohnen in Miso. Man nennt diesen Prozess auch anaerobe Fermentation. Pro Jahr produziert *Koch* etwa 8,5 Tonnen Miso.

LUPINEN, QUINOA UND LINSEN

Längst hat er jedoch neben den traditionellen Sorten auch seine eigenen Kreationen geschaffen. Miso aus Süßlupinen

SCHWARZWALD MISO

1

2

3

4

1 In der Scheune verbirgt sich das erste japanische Teehaus Villingen-Schwenningens. 2 auf der Schwarzwaldhochstraße 3 Peter Koch und sein Miso 4 Sojabohnen aus Baden-Württemberg

zum Beispiel, momentan seine erfolgreichste Sorte. „Die Lupinen bekomme ich vom Bauern Klein aus Wertheim" erzählt er. Miso aus Süßlupinen ist süßlich, floral mit einer zartbitteren Note. Er legt großen Wert auf seine Zutaten und will diese am liebsten nur von Produzenten beziehen, die er persönlich kennt und denen er vertraut. Und die vor allem aus der Region sind. Nur beim Reis klappt das noch nicht. Den bekommt er aus Norditalien –aber zumindest noch aus Europa. Auch aus Quinoa hat er schon Miso gemacht. Das durfte dann sogar drei Jahre lang reifen. Grundsätzlich, meint er, könne man aus jedem Getreide Miso machen. Ideen gäbe es da noch viele. Er überlegt jedoch immer gut, auf welches Experiment er sich einlässt, denn die langen Reifezeiten binden eben auch das eingesetzte Kapital erst einmal für eine lange Zeit. Und deshalb macht *Koch* auch fast alles selbst in der Produktion. Um Verpackung und den Versand kümmert sich eine Mitarbeiterin. Daneben pflegt er sein Netzwerk, besucht Messen und knüpft Kontakte zu prominenten Köchen. So hat beispielsweise der Sternekoch *Nils Henkel* ihm seinen kompletten Vorrat an Linsen-Miso abgekauft und auch *Tanja Grandits,* die mit zwei Michelinsternen bestückte Küchenchefin aus dem *Restaurant Stucki* in Basel (siehe Seite 90), setzt sein Miso in ihren Gerichten ein.
Im Gegensatz zu den klassischen Miso-Sorten, bietet er auch bereits gewürztes Miso an. Mit Kräutern, Ingwer und Algen. Die machen es manchen leichter, sich auf Miso einzulassen und es in der Küche auszuprobieren, meint er. Ich probiere einige seiner Sorten. Das ist gutes Miso, nur die Textur erstaunt mich ein wenig. Sie ist viel cremiger, als ich es von japanischem Miso her kenne. Cremiges Miso sei hier einfacher zu verkaufen, erklärt er. Man orientiert sich eben an dem, was man aus dem Bioladen kenne. Und dieser bietet bekanntlich nur eine kleine Auswahl.

DER SCHWARZWALD – FAST WIE JAPAN

Ein gutes Miso brauche die Jahreszeiten, lerne ich. Wenn es keine winterlichen Kälteperioden bekäme, während derer die Fermentation ruhe, dann werde es „einsilbig" erklärt *Koch*. Das sei ein großer Unterschied zu industriell hergestelltem Miso. Hier im Schwarzwald habe man heiße Sommer und sehr kalte Winter. Perfekt für die Reifung und Fermentation. Ich schlürfe ein Tässchen Misosuppe, deren Miso mit Ingwer und Curry aromatisiert wurde. Es schmeckt würzig-aromatisch und ich kann verstehen, warum genau diese Sorte sein Verkaufsschlager ist. Hier braucht es nur einen Löffel Miso, heißes Wasser und schon hat man eine schmackhafte Suppe. Er selbst trinkt etwa drei Tassen Miso-Suppe am Tag und verwendet die Paste auch sehr gerne für Salatsaucen.
Peter Koch, der sich selbst als *Misonnaire* bezeichnet, ist jedenfalls überzeugt davon, dass Miso noch lange nicht da ist, wo es sein sollte: in jeder Küche. Immerhin – die Absatzzahlen wachsen stetig und er sucht neue Produktionsflächen.

BADISCHE BUBESPITZLE

MIT SCHWARZWURZELN UND MISO-BÉCHAMEL

Schwarzwurzeln liebe ich seit meiner Kindheit. Meine Großmutter hat sie immer mit einer schön dicken Béchamel Sauce serviert. Durch das Miso erhält sie hier eine elegante Würze. Bubespitzle, die badischen Schupfnudeln, passen hier perfekt dazu.

BUBESPITZLE

600 g mehlige Kartoffeln
30 g Butter
2 Eigelbe
50 g Speisestärke
Salz, Muskatnuss, frisch gerieben
Mehl
1 TL Butter

SCHWARZWURZELN

1 kg Schwarzwurzeln
6 EL Essig
Salz, 1 EL Milch

MISO-BÉCHAMEL

250 ml Milch
1 Lorbeerblatt
30 g Butter, 30 g Mehl, durchgesiebt
1 EL Shinshu Miso (s. S. 16)
Salz, Zitronensaft

etwas frischer Schnittlauch, in Röllchen geschnitten

1. Den Ofen auf 160 °C vorheizen.
2. Die Kartoffeln waschen und ungeschält auf einem Backblech 60–70 Minuten im Ofen garen. Etwas ausdampfen lassen, die Schale abziehen und die Kartoffeln noch warm durch eine Kartoffelpresse drücken.
3. Die Butter in einem Topf schmelzen, mitsamt den Eigelben und der Speisestärke zur Kartoffelmasse geben und mit den Knethaken des Handrührgeräts durchrühren. Mit Salz und Muskat würzen.
4. Teig auf einer leicht bemehlten Arbeitsfläche kurz kneten, zu einer Rolle formen und diese in kleine Portionen schneiden. Die Teigportionen mit den Händen zu fingerdicken Nudeln formen. Bubespitzle in reichlich kochendem Salzwasser ca. 5 Minuten nur sieden lassen. Dann herausnehmen, im Sieb kurz mit kaltem Wasser abschrecken und gut abtropfen lassen.
5. Unter fließendem Wasser die Schwarzwurzeln abreiben. Eine Schüssel mit kaltem Wasser und 5 EL Essig bereitstellen. Die Wurzeln zügig schälen und dabei am besten Einmalhandschuhe anziehen (die Wurzeln sondern einen braunen, klebrigen Saft ab, der gut färbt). Die Wurzeln direkt in die Schüssel mit Essigwasser legen, damit sie nicht braun werden.

Bitte weiterlesen auf Seite 123.

5

6

7

8

9

10

[6] Einen großen Topf mit Wasser aufsetzen. Salz, Milch und 1 EL Essig dazugeben und die Wurzeln darin 15–18 Minuten kochen, bis sie weich sind. Abseihen und abtropfen lassen.

[7] In der Zwischenzeit die Béchamel zubereiten: In einem Topf die Milch zum Kochen bringen, das Lorbeerblatt dazugeben und 10 Minuten ziehen lassen. In einem zweiten Topf die Butter mit dem Mehl schmelzen und glattrühren. Lorbeerblatt aus der Milch nehmen. Unter ständigem Rühren die Milch zur Mehlbutter geben. Das Shiro Miso einrühren und mit etwas Salz und Zitronensaft abschmecken.

[8] Die Bubespitzle in einer Pfanne mit etwas Butter goldbraun anbraten. Die Schwarzwurzeln mit der Béchamel übergießen und mit Schnittlauch bestreuen.

HINWEIS: *Alternativ kann dieses Gericht auch mit weißem Spargel oder jungem Kohlrabi zubereitet werden. Hier wird dann kein Essigwasser gebraucht.*

[5] Die Tante der Autorin bäckt ihr Brot im Schwarzwald noch selbst. [6] [7] [8] [10] Schwarzwaldimpressionen
[9] Holzbackofen für traditionell gebackenes Brot mit knuspriger Kruste

NACHGEFRAGT

bei Lucki Maurer, Koch und Wagyu-Züchter, Niederbayern

Ludwig „Lucki" Maurer züchtet Wagyu-Rinder im niederbayerischen Schergengrub, schreibt Kochbücher, kocht für Events und ist in der deutschen Kochszene vernetzt wie kaum ein anderer. Zum ersten Mal traf ich ihn 2014 auf seinem Kulinarikfestival, das – damals noch ein Geheimtipp – mittlerweile die kulinarische Sensation der Region ist. Die Tickets sind meist ein paar Minuten, nachdem der Verkauf eröffnet ist, ausverkauft. Zu diesem Festival reisen befreundete Köche aus ganz Deutschland an, alles was Rang und Namen hat, trifft sich im Bayerischen Wald. Es ist ein wunderbares Miteinander, man spürt den Spirit und die Lust am Kochen, jeder ist mit Herzblut dabei.

Was Lucki ganz besonders antreibt, ist eine umfassende Verarbeitung der Tiere. „Nose-to-Tail" ist sein Credo, und wer einmal wie ich das Vergnügen hatte, einen ganzen Tag lang mit ihm Leber, Hirn und Saumfleisch zu kochen, zu wursten und dabei unglaublich viel Neues zu lernen, versteht, was seine Botschaft ist, und das nimmt einem die Scheu, auch mal ein eher unpopuläres Stück Fleisch auszuprobieren. Davon gibt es ja so einige, doch meistens eben nicht im Supermarkt. Als ich ihm von meinem Buch erzählte, fragte er mich ganz spontan, ob ich ein Rezept von ihm haben wolle. Natürlich wollte ich.

Als jüngster Spross einer alteingesessenen Gastronomen- und Wirtsfamilie aus Bayern erlernte Lucki Maurer mit 15 Jahren den Beruf des Kochs. Nach einigen Stationen in Deutschland macht er auf der Hotelfachschule die Ausbildung zum Hotelfachmann und später seinen staatlich geprüften Küchenmeister.
Bereits 2003 kommt er zu seinem kulinarischen Ziehvater, ***Stefan Marquard****, mit dem ihn bis heute eine tiefe Freundschaft verbindet.*
2007 startet Ludwig Maurer mit seiner Frau Stephanie als erster in Europa die Zucht von Wagyu-Rindern auf ökologischer Basis. Auch bekannt als Kobe-Rind, sofern es direkt aus dieser japanischen Region kommt, gehört es zu den exklusivsten Nutztierrassen der Welt. Maurers Herde umfasst mittlerweile über 60 Tiere. Er betreibt außerdem ein Catering-Unternehmen, arbeitet für Magazine wie „BEEF" und „Rolling Pin" als Experte und Foodstylist, schreibt Rezepte und Kochbücher und sitzt als Gastjuror in der Koch-Casting-Show „the Taste".
Zu seinem Spezialgebiet Fleisch und der kulinarischen Verwertung des ganzen Tieres gibt er Praxisworkshops für Köche in deren Betrieb und unterrichtet an der Küchenmeisterschule der Eckert-Schulen in Regenstauf. Derzeit konzentriert sich Lucki auf sein neuestes Projekt „STOI", ein PopUp-Restaurant mit Kochschule und Wagyu-Manufaktur.

Wie hast du Miso kennengelernt?

Miso kenne ich schon recht lange – mit der japanischen Küche habe ich mich wegen meiner Rinder ausführlich beschäftigt. Meine erste Erfahrung sammelte ich mit einfachem braunen Miso aus Sojabohnen, das ich bei meinem Lieferanten bestellen konnte.
Erst als ich über das *Genussnetzwerk* (Vereinigung von Spitzenköchen und kleinen Produzenten in Deutschland) Miso aus dem Schwarzwald probierte, setzte ich mich genauer damit auseinander. Regionale Produkte liegen mir am Herzen, egal ob sie nun aus Bayern oder dem Schwarzwald kommen. Und dass jemand Miso nicht nur hierzulande, sondern auch noch aus regionalen Produkten herstellt, hat mir außerdem gefallen.

Was ist dein Lieblingsgericht mit Miso?

Genau das, das im Buch steht!

Gibt es eine Miso-Sorte, die du besonders magst?

Gersten-Miso – Gerste ist einfach etwas Ur-Bayerisches, sie ist im Bier, Graupen werden aus Gerste gemacht. Das passt zum niederbayrischen Wagyu-Rind viel besser als ein Miso aus Soja. Miso aus der Lupine ist auch gut, aber die Gerste trifft's am besten.

Rezept im Buch

Lucki Maurer: „Im Sommer grillen wir immer gerne und am liebsten so richtig fette Teile wie Schweinebauch, Secreto, Kehllappen (Papada) oder z. B. die Flanke vom Schwein. Ein solch fettiges Stück passt aber nicht unbedingt so richtig zum Sommer. Also haben wir uns auf die Suche nach etwas gemacht, was dieses hocharomatische Fleisch leichter macht. Eiskalter, frischer Weißwein dazu ist eine Möglichkeit, aber etwas mit schöner Säure ist perfekt. Und so kamen wir auf Ananas und den Fenchel. Die beiden funktionieren toll zusammen. Es gab auch mal eine Version mit einer Vinaigrette mit Ingwer und Kaffir-Limette, aber auf die verzichten wir inzwischen. Denn mit Miso funktioniert es noch besser! Das macht dieses Gericht total rund, es korrespondiert schön mit dem Schwein und hat trotzdem eine feine Säure. Das Flanksteak (Anm. der Redaktion: Bavette/Dünnung) habe ich ausgesucht, weil es ein großartiges Stück Fleisch ist, sehr aromatisch und saftig." **Rezept auf Seite 138**

MISO-HONIG-HUHN

MIT ZUCCHINI-TAGLIATELLE

Knusprige Hähnchenschlegel mit einer würzigen goldbraunen Kruste aus Honig und Miso sind absolut einfach zuzubereiten. Sie schmecken allen, gehen schnell und je nach Jahreszeit kann man mit unterschiedlichen Beilagen variieren. Auch ein würziger Kartoffelsalat schmeckt ausgezeichnet dazu.

HÄHNCHENSCHLEGEL

4 EL Butter, zimmerwarm
3 EL Shiro Miso (s. S. 16)
2 EL Akazienhonig oder neutraler Blütenhonig
1 EL Reisessig
4 Hähnchenschlegel mit Haut (à 250 g)
schwarzer Pfeffer, frisch gemahlen

BEILAGE

2 mittelgroße Zucchini
1 EL Olivenöl
Salz

1. Den Backofen auf 220 °C vorheizen.
2. In einer Schüssel die Butter mit dem Miso, dem Honig und dem Reisessig mit einem Holzlöffel vermischen, so dass eine homogene Paste entsteht.
3. Die Hähnchenschlegel nacheinander in die Schüssel geben, gut mit der Paste einreiben und in eine ofenfeste Form legen. Sollte noch etwas von der Paste übrig sein, kann diese einfach auf die Schlegel gestrichen werden.
4. Die Form auf der zweiten Schiene von unten in den Ofen schieben und die Schlegel 30–40 Minuten rösten, bis sie goldbraun sind.
5. Währenddessen die Zucchini waschen, Stiel und Blütenansatz entfernen. Zucchini mit einem Sparschäler in lange, dünne Scheiben schneiden.
6. Die Zucchininudeln mit dem Olivenöl in eine große Pfanne geben und bei mittlerer Temperatur unter häufigem Rühren garen, bis sie weich sind. Danach etwas salzen.
7. Hähnchenschlegel mit den Zucchininudeln in der Form anrichten, servieren und etwas frisches Baguette oder Ciabatta dazu reichen.

TIPP: *Frische Kräuter wie Kerbel, Schnittlauch oder Petersilie feinhacken und über die Zucchininudeln streuen. Gut passt auch frischer Portulak (siehe Bild) oder etwas Rucola.*

HACKBÄLLCHEN VOM HUHN

MIT ZITRONENGRAS, MISO UND KORIANDER

Hackfleisch – diese ursprüngliche Bezeichnung hat mit der Realität nur noch wenig zu tun. Jeder dreht das Fleisch ja inzwischen durch den Fleischwolf, es sei denn, es wird Tatar zubereitet. Hühnerfleisch zu hacken, ist jedoch eindeutig die bessere Wahl. Mit dem Messer geht es einfach schneller und die Konsistenz stimmt. Die Mischung aus Zitronengras und Miso gibt den Bällchen eine herrliche Würze. Macht man sie größer, kann man sie als Patty für einen Burger verwenden.

FÜR 2 PORTIONEN

HACKBÄLLCHEN

400 g Hähnchenbrust
2 Stangen Zitronengras
3 EL mildes Olivenöl
1 EL Korianderblättchen, fein gehackt
1 EL Genmai Miso (s. S. 17)

1 EL Semmelbrösel
1 EL neutrales Pflanzenöl

GEMÜSE

100 g Zuckerschoten
1 TL Olivenöl
1 knappe Handvoll Radieschensprossen
1 EL Mirin*
Salz

etwas Shiso-Kresse, nach Belieben

TIPP: *Gebratene asiatische Nudeln sind eine schöne Beilage dazu.*

1. Den Ofen auf 100 °C vorheizen.
2. Hähnchenbrust sorgfältig mit Küchenkrepp trocken tupfen. Mit einem großem Messer das Fleisch fein hacken und in eine Schüssel geben.
3. Vom Zitronengras die äußeren, harten Blätter entfernen, den hellen, inneren Teil in feine Scheiben schneiden. Mit dem Olivenöl und dem Koriander in einen Blitzhacker geben und zu einer Paste pürieren, das Miso untermischen.
4. Die Zitronengrasmasse mit den Semmelbröseln unter das gehackte Fleisch mischen. Das geht am besten mit den Händen.
5. Mit angefeuchteten Händen aus der Fleischmasse walnussgroße Bällchen formen und auf einen Teller setzen.
6. In einer breiten beschichteten Pfanne das Öl erhitzen und die Bällchen darin bei mittlerer Hitze goldbraun anbraten. Aus der Pfanne nehmen, auf einen Teller setzen und im Ofen etwa 10 Minuten nachziehen lassen.
7. Die Zuckerschoten waschen, an den Enden trimmen und in feine Streifen schneiden.
8. Die Fleischpfanne auswischen und das Olivenöl hineingeben. Die Zuckerschotenstreifen darin unter ständigem Rühren 1–2 Minuten anbraten. Die Sprossen dazugeben, mit dem Mirin ablöschen und salzen. Die Zuckerschoten sollten durchaus noch etwas knackig sein.
9. Das Gemüse mit den Hackbällchen auf Tellern anrichten und mit Shiso-Kresse bestreuen.

ZITRONEN-HÄHNCHEN

Sobald die Tage länger werden, zieht es mich nach draußen. Habe ich Gäste, möchte ich ihnen möglichst viel von meiner Zeit widmen und stehe ungern lange in der Küche. Dann sind Ofengerichte immer eine gute Wahl. Aus Zitronen, Miso, Honig, Weißwein und Kräutern entsteht eine so umwerfend köstliche Sauce, dass man gar nicht genug Brot zum Tunken dazu reichen kann.

FÜR 2 PORTIONEN

HÄHNCHEN

1 TL Shiro Miso (s. S. 16)
1 TL Genmai Miso (s. S. 17)
1 EL Honig
1 EL Olivenöl
1 fleischiges Hähnchen, küchenfertig, ca. 1,5 kg
Küchengarn

OFENGEMÜSE

300 g neue Kartoffeln, relativ klein und möglichst bio
3 Schalotten
2 Knollen Knoblauch, frisch, äußere Haut entfernt
100 ml fruchtiger Weißwein (z. B. Sauvignon oder Bacchus)
3 Zweige Thymian
1 Zweig Rosmarin
1 Bio-Zitrone

½ -1 TL Tamari*

1. Den Ofen auf 180 °C vorheizen
2. Das Miso mit dem Honig und dem Olivenöl zu einer Paste glattrühren.
3. Das Hähnchen sorgfältig trocken tupfen. Seine Schlegel mit Küchengarn zusammenbinden. Von allen Seiten mit der Paste einpinseln. In einen gusseisernen, ofenfesten Bräter mit der Brustseite nach unten setzen.
4. Die Kartoffeln waschen, trocknen und halbieren. Die Schalotten abziehen und halbieren. Die Knoblauchknollen quer halbieren, mit den Kartoffeln und Zwiebeln im Bräter um das Hähnchen schichten. Den Weißwein angießen und die Kräuterzweige dazulegen.
5. Die Zitrone heiß waschen, trocknen und in feine Scheiben schneiden. Das Hähnchen mit den Zitronenscheiben belegen.
6. 30 Minuten offen im Ofen garen, danach das Hähnchen umdrehen, so dass die Brustseite oben liegt, und weitere 30 Minuten garen.
7. Im ausgeschalteten Ofen noch 10 Minuten ruhen lassen.
8. Die Sauce mit Tamari abschmecken und das Hähnchen im Bräter servieren.

OKINAWA GINGER BEEF

MIT ZWEIERLEI INGWER

Auf einer meiner Reisen nach Japan bekam ich in einem Restaurant auf Aka Island in Okinawa dieses Ginger Beef serviert. Auf den Tischen standen Schälchen mit dem typischen roten, eingelegten Ingwer. Ich war so begeistert, dass ich am nächsten Tag gleich wieder hin bin. Seitdem ist dies mein Soulfood gegen Fernweh.

FÜR 2 PORTIONEN

200 g Rinderfilet am Stück
2 walnussgroße Stücke Ingwer
30 ml Muscovado*
30 ml Tamari (dunkle Sojasauce)
30 ml Mirin*
1 TL Mugi Miso (s. S. 17)
30 ml Sake
1 Frühlingszwiebel
1 kleine Knoblauchzehe, geschält und in feine Scheiben geschnitten

EINGELEGTER ROTER INGWER

1 fingerlanges Stück Ingwer
1 kleine Rote Bete
1 kleine rote Zwiebel
1 kleines Einmachglas
Ume Su* zum Auffüllen

1. Am Vorabend den eingelegten Ingwer zubereiten: Den Ingwer schälen und in feine lange Stifte schneiden. Mit der geschälten und halbierten roten Bete und der geschälten, in sehr grobe Ringe geschnittenen Zwiebel in etwas Wasser 5 Minuten lang kochen. Vom Herd nehmen und etwa 30 Minuten ziehen lassen. Die Flüssigkeit abgießen und anderweitig verwenden (Tipp: sie ist sehr gesund und kann auch getrunken werden).
2. Den Ingwer mit einem Stück der Roten Bete in das kleine Einmachglas schichten und bis zum Rand mit Ume Su auffüllen. Im Kühlschrank bis zur weiteren Verwendung aufheben.
3. Für das Ginger Beef das Fleisch 1 Stunde ins Gefrierfach legen. Danach schräg zur Faser in ca. 1 cm Scheiben schneiden.
4. Den Ingwer schälen und in sehr feine Scheiben hobeln.
5. In einer Pfanne den Zucker mit Mirin, Tamari, Sake und Miso verrühren und aufkochen lassen und die Ingwerscheiben und dem Knoblauch dazugeben. 2–3 Minuten kräftig kochen lassen. Die Temperatur zurückschalten und das Fleisch dazugeben. Etwa 2 Minuten köcheln lassen.
6. In der Zwischenzeit den weißen Teil der Frühlingszwiebel in feine Streifen schneiden. Einen Teil des Grüns in Röllchen schneiden.
7. Beides mit dem eingelegten Ingwer zum Ginger Beef servieren. Reis passt hervorragend dazu.

MISO-STEAK

MIT SESAM-KNOBLAUCH-SPINAT

Jeden Samstag auf dem Bauernmarkt bin ich stets in Versuchung, meinen Wochenendplan über den Haufen zu werfen, wenn ich die guten Fleischstücke meines Bio-Metzgers dort sehe: Schön marmoriertes Fleisch mit ordentlich Fettrand. Als ich das erste Mal das mit Miso marinierte Fleisch „rückwärts" zubereitet habe – zuerst im Ofen bei niedriger Temperatur, dann in der Pfanne gebraten –, waren meine Gäste und ich so begeistert, dass es seitdem immer wieder verlangt wird.

FÜR 2 PORTIONEN

STEAK

3 EL Aka Miso (s. S. 16) oder
Inaka Miso (s. S. 16)
1 EL Sake
1–2 EL Mirin*
1 EL Zucker
1 TL Shichimi Togarashi*
400 g Rinderlende (am Stück)
schwarze Sesamsaat
Öl zum Braten

SPINAT

400 g Spinat
1 TL Butter
2 Zehen Knoblauch, geschält und fein gehackt
1 EL Tahini*
Meersalz

1. Für das Steak Miso mit Sake, Mirin, Zucker und dem Togarashi-Gewürz mischen. Das Rinderfilet damit bestreichen und in einen verschließbaren Gefrierbeutel geben. Im Kühlschrank mindestens 6 Stunden marinieren, am besten über Nacht.
2. Das Fleisch vor dem Braten aus dem Kühlschrank nehmen und mindestens eine Stunde auf Zimmertemperatur bringen.
3. Den Backofen auf 80 °C vorheizen. Das Steak aus der Marinade nehmen, in eine ofenfeste Form legen und 30–40 Minuten im Ofen garen.
4. In der Zwischenzeit den Spinat putzen, waschen und tropfnass in einen Topf geben. Salzen und bei geschlossenem Deckel zusammenfallen lassen. Den Spinat in einem Sieb abtropfen lassen und leicht ausdrücken.
5. Kurz bevor das Fleisch fertig gegart ist, in einer Pfanne Butter erhitzen und Knoblauch darin sanft anschwitzen. Tahini einrühren und Spinat kurz darin schwenken. Nach Belieben mit etwas Meersalz bestreuen und beiseitestellen.
6. Etwas Öl in einer weiteren Pfanne erhitzen und die fertig gegarte Lende von jeder Seite 2–3 Minuten scharf anbraten. Aus der Pfanne nehmen, kurz ruhen lassen und vor dem Servieren in Scheiben schneiden. Schwarzen Sesam darüber streuen und Spinat in einer kleinen Schüssel dazu servieren.

TIPP: *Alternativ kann hier auch Rinderfilet genommen werden. Wird eine Hohe Rippe mit Knochen verwendet, empfehle ich, es nach dem Vorgaren zu grillen.*

IN ROTWEIN UND MISO

GESCHMORTE RINDERHÜFTE

Dieses Gericht schenkt wohlige Wärme von innen an nasskalten Tagen. Wenn das Fleisch butterzart auf der Zunge zergeht, ist es perfekt. Das Schmoren in Rotwein und Brühe erinnert an den französischen Klassiker „Bœuf en Daube", bekommt aber durch das kräftige braune Mugi Miso und die Sojasauce eine sanfte Tiefe.

FÜR 2 PORTIONEN

400 g Rinderhüfte
etwas Mehl
3 Karotten
½ kleine Sellerieknolle, geschält
1 rote Zwiebel, geschält
2 EL Pflanzenöl
50 g Speck, grob gewürfelt
1 EL Tomatenmark
2 EL Sojasauce
2 EL Aka Miso (s. S. 16)
100 ml kräftiger Rotwein
200 ml Rinderbrühe (nach Möglichkeit aus Markknochen, s. S. 208)
1 ½ EL getrocknete italienische Kräuter (Rosmarin, Thymian, Salbei etc.)

½ Bund Petersilie, Blättchen fein gehackt

1. Die Rinderhüfte in große Würfel schneiden und in Mehl wenden.
2. Die Karotten und den Sellerie würfeln. Die Zwiebel grob hacken.
3. In einem Schmortopf das Öl erhitzen und die Fleischwürfel darin kräftig anbraten. Das Gemüse, die Zwiebel, den Speck und das Tomatenmark dazugeben und umrühren. Die Sojasauce und 1 EL Miso unterrühren. Mit dem Rotwein ablöschen und im offenen Topf etwa 3 Minuten einkochen lassen. Dann die Brühe und die Kräuter dazugeben.
4. Bei geschlossenem Deckel und niedriger Temperatur 90 Minuten schmoren.
5. Zum Schluss den zweiten Esslöffel Miso in die Sauce rühren, Petersilie darüber streuen und im Bräter servieren.
6. Dazu passen als Beilage Gemüse der Saison (z. B. Brokkoli), Semmelknödel, Spätzle oder frisches Bauernbrot.

FLANK VOM IBERICO
MIT ANANAS, FENCHEL UND MISO-VINAIGRETTE
von Lucki Maurer

FÜR 2 PORTIONEN

400 g Flanksteak vom Iberico-Schwein (auch Bavette oder Dünnung)
Salz, Zucker
1 EL Öl zum Braten

FENCHELSALAT

1 Fenchel
3 EL Olivenöl
2 EL weißer Balsamico
Salz und weißer Pfeffer, frisch gemahlen

1 Baby-Ananas

MISO-VINAIGRETTE

8 EL mildes Olivenöl
4 EL Zucker
1 TL Mugi Miso (s. S. 17)
½ unbehandelte Limette, Schalenabrieb und Saft
80 ml naturtrüber Apfelsaft
Salz

Fenchelkraut und kleine Blättchen vom Blutampfer als Garnitur

1. Für die Vinaigrette alle Zutaten vermischen und so lange glatt rühren bis der Zucker sich aufgelöst hat. Mit Salz abschmecken.
2. Die Baby-Ananas schälen, halbieren und den Strunk auslösen. Auf einem Küchenhobel in sehr feine Scheiben hobeln.
3. Den Fenchel waschen, an der Spitze trimmen und auf dem Küchenhobel in sehr feine Scheiben hobeln. Olivenöl mit dem Balsamico mischen, salzen und pfeffern und den Fenchel darin etwa 10 Minuten marinieren.
4. Öl in einer schweren Pfanne erhitzen. Eine Prise Salz mit fünf Prisen Zucker mischen (gesamt ca. 1 TL) und das Flanksteak damit einreiben. Von jeder Seite etwa zwei Minuten braten. Dabei tritt noch mehr Fett aus und durch den Zucker bekommt es eine schöne Kruste.
5. Das Fleisch gegen die Faserrichtung in 1 cm breite Streifen schneiden.
6. Die Ananas auf dem Teller platzieren, den marinierten Fenchel daneben anrichten. Das Fleisch dazulegen und alles mit der Miso-Vinaigrette beträufeln. Mit Fenchelgrün und Blutampferblättchen garnieren.

MARINIERTER SCHWEINEBAUCH

MIT GESCHMORTEM LAUCH

Ich musste erst bis nach Südafrika reisen, um mich für Schweinebauch zu begeistern. Während meines Besuchs war er dort gerade richtig in Mode. Butterzart geschmort ist er ein großartiges Essen, wenn Freunde kommen und man sich nicht endlos in der Küche aufhalten will. Die süß-salzige Miso Sauce gibt ihm eine asiatische Extravaganz, die gut zum gegrillten Lauch passt.

FLEISCH

1 kg Schweinebauch ohne Schwarte
Shiso-Kresse oder Schnittlauchblüten nach Belieben

MARINADE

ca. 6 cm Ingwer, geschält
3 Frühlingszwiebeln
4 Knoblauchzehen, geschält
1 rote Chilischote, halbiert
30 ml brauner Zucker
50 ml Tamari*
1 ½ EL Mugi Miso (s. S. 17)
30 ml Olivenöl
1–2 Zitronen, frisch gepresster Saft

GEMÜSE

300 g möglichst dünne Lauchstangen, geputzt, längs geviertelt
1 EL Olivenöl
Meersalz

1. Den Backofen auf 175 °C vorheizen.
2. Für die Marinade den Ingwer reiben, den weißen Teil der Frühlingszwiebel und den Knoblauch sehr fein hacken. Die Samen der Chili entfernen und die Schote fein hacken.
3. Alle Zutaten für die Marinade verrühren. Dabei den Zitronensaft löffelweise dazugeben und immer wieder abschmecken, sie darf nicht zu sauer sein.
4. Schweinebauch abspülen, trocken tupfen und mit der Marinade von allen Seiten einstreichen und in einen Bräter legen. Mit Alufolie abdecken und im Ofen ca. 2 Stunden braten. Danach sollte das Fleisch zart, aber noch nicht zu dunkel und kross sein.
5. Die Folie entfernen und den Schweinebauch unter dem Backofengrill noch 15 Minuten bräunen. Falls sich zu viel Sauce gebildet hat, ein wenig davon abschöpfen.
6. In einer Grillpfanne das Olivenöl erhitzen und die Lauchstreifen darin etwa 5 Minuten braten. Mit Meersalz bestreuen.
7. Den Schweinebauch in Würfel schneiden und mit dem gegrillten Lauch anrichten. Ein wenig Sauce darüber träufeln und nach Belieben mit Shiso-Kresse oder Schnittlauchblüten garnieren.

REHMEDAILLONS

MIT PFLAUMEN-MISO-SAUCE UND STECKRÜBEN-PUFFERN

Pflaume gepaart mit Miso entdeckte ich in Taipeh, als ich auf einem kleinen Markt ein Pflaumenmus kaufte und der Verkäufer mir einen Spieß mit einer Sauce aus Miso und diesem Mus anbot. Eine großartige Kombination, die dem würzigen Miso noch einen fruchtig-säuerlichen Touch verpasst.

FÜR 2 PORTIONEN

REHMEDAILLONS

300 g Rehfilet
½ TL Piment, gemahlen
schwarzer Pfeffer, frisch gemahlen
1 TL getrocknete italienische Kräuter
1 TL Butterschmalz, Fleur de Sel

PUFFER

1 Steckrübe, 1 Ei, 1 EL Speisestärke,
Salz, 1–2 EL Mehl
3 Zweige Thymian, Blättchen abgezupft
Öl zum Braten

SAUCE

1 Schalotte, geschält, 300 ml Wildfond
2 Zweige Thymian
1 TL Genmai Miso (s. S. 17) oder
Aka Miso (s. S. 16)
1 EL Pflaumenmus, 1–2 Pflaumen
½ TL Tamari*
schwarzer Pfeffer, frisch gemahlen
ein paar Tropfen Crema di Balsamico

rotblättriges Basilikum

1. Das Rehfilet mit den Gewürzen und trockenen Kräutern einreiben, in Folie wickeln und mindestens 3 Stunden im Kühlschrank ruhen lassen.
2. Für die Puffer die Steckrübe schälen und raspeln. Mit dem Ei, der Stärke, einer guten Prise Salz, dem Mehl und den Thymianblättchen mischen.
3. In einer Pfanne das Öl erhitzen. Mit den Händen aus der Steckrübenmasse flache Puffer formen und sanft bei mittlerer Hitze auf beiden Seiten goldbraun braten (es werden nicht alle Puffer gleichzeitig in die Pfanne passen, also am besten portionsweise arbeiten).
4. Die fertigen Puffer warmstellen.
5. Das Rehfilet abtupfen und in Butterschmalz von allen Seiten jeweils 30 Sekunden anbraten. Aus der Pfanne nehmen, salzen, pfeffern und warmstellen. Pfanne nicht säubern.
6. Die Schalotte fein hacken und in der Pfanne mit dem Bratensatz kurz anschwitzen. Mit dem Wildfond ablöschen, die Thymianzweige hineinlegen und um ein Drittel einkochen.
7. Durch ein Sieb gießen und zurück in die Pfanne geben. Miso und Pflaumenmus dazugeben und nochmals sanft köcheln lassen. Die Pflaumen waschen, in Spalten schneiden und die Kerne entfernen. Die Spalten in die Sauce legen und 2 Minuten ziehen lassen. Mit Tamari, Pfeffer und Crema di Balsamico abschmecken.
8. Das Rehfilet in dicke Scheiben schneiden und mit den Steckrüben-Puffern und der Pflaumensauce anrichten. Mit Basilikum garnieren.

NACHGEFRAGT

bei Kudo Chiori Restaurant MIZU, Hotel Bachmair, Tegernsee

Ein richtiges Kaiseki-Dinner am Tegernsee mit passender Sake-Begleitung hat Seltenheitswert. Glücklich darüber, dass ich die Möglichkeit hatte, im Restaurant MIZU im Hotel Bachmair Weissach daran teilzunehmen, war ich sehr gespannt, wie das mit dem korrespondierenden Sake bei einem mehrgängigen Menü so ist. Denn ähnlich wie beim Wein gibt es große Unterschiede. Kräftig, weich, samtig, floral – alle Begriffe aus der Weinwelt passen auch zu Sake. An diesem Abend wurde ein besonderes Gericht serviert: gebratener Lachs auf einer Tofu-Creme, die mit Miso und Ahornsirup veredelt war. Dieses Gericht hatte es mir besonders angetan. Und so lag es nah, dass ich mich noch einmal auf den Weg an den Tegernsee machte, um Kudo nach genau diesem Gericht zu fragen. Und um über Miso zu plaudern.

Kudo Chiori begann seine gastronomische Karriere 1997 in Japan in seiner Heimatstadt Akita auf der Insel Honshū. Viele Stationen und Erfahrungen später, begann er sich 2005 der traditionellen japanischen Küche zu widmen. Sein damaliger Küchenchef wurde sein Lehrmeister. Er verband klassische Kaiseki-Menüs und alte, überlieferte Rezepte mit Sushi- und Fusion-Elementen. Kudo Chiori hatte damit genau das gefunden, was er perfektionieren wollte. Die wie er sagt „ideale Verbindung von verschiedenen, an sich klassisch-traditionellen Küchen zu etwas Neuem, ganz Eigenem." Nach mehr als drei Jahren Lehrzeit bei seinem Küchenchef in Japan, brach er nach Deutschland auf, um neue Einflüsse und Inspiration zu finden. Stationen waren z. B. das Emiko in München oder der Zenzakan – Pan Asian Supperclub in Frankfurt/Main. Seit 2015 ist sein Arbeitsplatz in der MIZU Sushi Bar im Bachmair Weissach am Tegernsee. Und aufhören zu lernen wird er nie, meint er, denn das gesamte Leben sei eine Schule und er ist froh und dankbar über jede Inspiration, die er erfährt.

Wie hast Du Miso kennengelernt?

Diese Frage einem Japaner zu stellen, entbehrt nicht einer gewissen Komik, denn in Japan wächst jeder mit Miso auf. Ich habe mich deshalb darauf beschränkt nach Besonderheiten zu fragen.

Ich bin in der Präfektur Akita aufgewachsen. Wir haben dort ähnlich wie hier am Tegernsee viel Schnee im Winter, daher war es wichtig, Lebensmittel für den Winter einzumachen. Für das eingemachte Gemüse, bei uns *Tsukemono* genannt, wird oft auch Miso verwendet.

Was ist dein Lieblingsgericht mit Miso?

Da gibt es viele. *Namban Miso* zum Beispiel mag ich sehr gern. Das sind grüne Chilis mit Miso, Zucker und Sake gemischt. Das serviert man als Dip oder zu Reis.

Gibt eine Miso-Sorte, die du besonders magst?

Hier in der Küche arbeiten wir meist mit *Saikyo Miso*.

Kreation von Küchenchef Kudo Chiori:
Aubergine mit Miso

1 5 8 Tegernsee-Impressionen auf dem Wallberg
2 3 4 6 7 9 Eindrücke aus dem Hotel Bachmair, Weißach, und dem Restaurant MIZU

Koji am Tegernsee

Das eine ist die Küche im MIZU, aber ich möchte natürlich auch wissen, was Kudo Chiori so gut an dem Angebot der Nahrungsmittel und Produkte hier gefällt. Immer wieder reden wir über Bärlauch, den mag er ganz besonders gern, und Rhabarber.

Im Laufe des Gesprächs wird deutlich, dass es vor allem ein Bestandteil von Miso ist, der ihn richtig fasziniert: *Koji* – jener Reis, der mit dem Schimmelpilz *Aspergillus oryzae* geimpft wurde, der süß schmeckt und eine samtige Konsistenz hat, wenn er frisch ist. Getrocknet erinnert er ein wenig an Puffreis. Seine Mutter hat ihm gerade wieder *Koji* aus Japan geschickt. Wofür er diesen verwendet, will ich wissen. Für *Sangohachi*, meint er lächelnd. *Sangohachi* sei unglaublich gut mit Gemüse und Fleisch. Was es genau ist, möchte ich wissen. „Eigentlich ist es ganz einfach: gekochter Reis, Koji und Salz", erklärt er. Wichtig sei dabei das Verhältnis 3:5:8. Drei Teile Salz, fünf Teile Koji und acht Teile gekochter Reis. Diese werden gemischt und zwei Stunden lang bei 45 °C erwärmt. Danach muss man den *Koji* einfach sein Werk tun lassen und stellt ihn nach draußen. Der *Koji*, der sich nun daran mache, den Reis aufzuspalten, verwandelt das Ganze innerhalb von zwei Wochen in eine duftende weiße Creme: den *Sangohachi*. Je mehr wir darüber reden, desto lebhafter wird die Unterhaltung. Das ist sein Thema. Er erzählt mir von *Shoyu-Koji*, das er auch selbst herstellt. Dabei mischt er den *Koji* mit *Shoyu* (Sojasauce) zu gleichen Teilen. Wofür das verwendet wird, will ich wissen? Er lacht – das sei selbst für Japaner schwierig zu erklären, was nicht an der Sprache läge, sondern weil man es irgendwie überall einsetzen könne. Im Grunde sei das pures *Umami*. Sein Ziel ist es, und darin ist er ganz japanisch, immer weiter zu lernen. Er will nicht stehenbleiben und hat sich der Perfektion verschrieben. Ständig sucht er nach neuen Inspirationen, die er in seiner Küche verwenden kann. Und schon sind wir wieder beim Bärlauch. **Rezept auf Seite 154**

1

2

3

4

5

6

7

8

9

JAKOBSMUSCHELN

MIT SHERRY-MISO-GLASUR, SALICORNES UND KOKOS-RISOTTO

Schon als Jugendliche war ich in diese Meeresfrucht verliebt. Ein Buch ohne sie wäre für mich schlicht unmöglich gewesen. Ihre leichte, natürliche Süße wird gleich auf zweierlei Weise unterstrichen: Miso und Sherry – am besten ein gehaltvoller – bilden hier eine spannende Ergänzung zum frisch-fruchtigen Risotto.

1 Stück frische Kokosnuss, in feine Streifen gehobelt

JAKOBSMUSCHELN

3 EL Sherry, z. B. Amontillado
2 EL Genmai Miso (s. S. 17)
1 ½ EL brauner Zucker
16 Jakobsmuscheln, ausgelöst ohne Corail

Sancho-Pfeffer (ersatzweise weißer Pfeffer, frisch gemahlen)
1 EL Sesamsaat

100 g Salicornes (auch Queller oder Meeresspargel genannt; alternativ: Mönchsbart)

RISOTTO

1 Schalotte, geschält, 2 EL Olivenöl
300 g Risotto-Reis, z. B. Carnaroli
3 EL Kokosraspeln
50 ml trockener Weißwein (Orvieto oder Verdejo)
1 l Gemüsebrühe (s. S. 207)
300 ml Kokosmilch, 1 Limette, Saft
Salz

1. In einer beschichteten Pfanne die frischen Kokosnuss-Streifen ohne Fett anrösten. Bis zur weiteren Verwendung beiseitestellen.
2. Aus Sherry, Miso und Zucker eine Marinade anrühren und die Jakobsmuscheln während der Zubereitung des Risottos darin ziehen lassen.
3. Die Schalotte feinhacken und in einem breiten Topf in erhitztem Olivenöl anschwitzen. Den Reis und die Kokosraspeln dazugeben und 1 Minute rühren. Mit dem Weißwein ablöschen.
4. Schöpflöffelweise immer wieder Gemüsebrühe zugießen, ab und zu umrühren damit der Risotto nicht anbrennt. Wenn der Reis fast alle Flüssigkeit aufgesaugt hat, aber noch gut bissfest ist, die Kokosmilch zugießen und den Reis bei niedrigster Hitzezufuhr ziehen lassen.
5. Mit dem Limettensaft und etwas Salz abschmecken. Der Risotto sollte eine Balance zwischen herzhaft und leicht süß haben.
6. Die Jakobsmuscheln mitsamt der Marinade in eine erhitzte Pfanne geben und von jeder Seite 1 Minute anbraten. Die Temperatur zurückschalten, Salicornes hinzufügen und nochmals umrühren, damit Salicornes und Jakobsmuscheln rundum von Marinade überzogen sind. Die Pfanne vom Herd nehmen und 4 Minuten abgedeckt stehen lassen.
7. Den Risotto auf Tellern anrichten, die Jakobsmuscheln mit den Salicornes daraufgeben und mit gerösteten Kokosstreifen bestreuen.

LACHS-TATAKI

MIT MISO-LACK UND KAROTTEN-TAPIOKA

von Tanja Grandits

FÜR 2 PORTIONEN

KAROTTEN-PICKLES

500 ml Apfelessig, 350 ml Wasser,
200 g Zucker, 25 g Salz
1 EL Koriandersamen, ¼ TL Anis, gemahlen
1 TL Ingwer, geschält und gehackt
1 breiter Streifen unbehandelte Zitronenschale
1 TL weiße Pfefferkörner, ½ TL Kurkumapulver
1 kg Karotten

200 g Tapiokakugeln

MARINADE

200 ml Karottensaft, 1 EL Shiro Miso (s. S. 16),
1 unbehandelte Limette, Saft und Schalenabrieb, 1 TL Ingwer, geschält und gerieben
50 ml Olivenöl, 10 ml Sesamöl
2 EL Sojasauce, Salz, Zucker

KAROTTENPÜREE

1 EL Butter, 200 g Karotten, 1 Prise Salz,
1 Prise brauner Zucker, 200 ml Orangensaft,
50 g mehlig kochende Kartoffeln,
gekocht und geschält

TATAKI

2 EL helle Sojasauce, 2 EL Shiro Miso (s. S. 16)
1 EL Sesamöl, 1 Prise Anis, gemahlen
300 g Lachs in Sushiqualität,
ohne Haut und Gräten
Öl zum Braten, Fleur de Sel

1. Alle Zutaten für die Pickles bis auf die Karotten vermengen. Aufkochen und den Sud und 1 Stunde ziehen lassen.
2. Die Karotten schälen, kleine Kugeln ausstechen und in Einmachgläser füllen. Den Sud durch ein Sieb gießen, nochmals aufkochen und sofort heiß über die Karotten gießen.
3. Für die Tapioka in 1 l Salzwasser aufkochen. Tapioka dazugeben und 4 Minuten unter Rühren köcheln. Dann vom Herd ziehen und noch 4 Minuten ziehen lassen. In ein Sieb geben und mit kaltem Wasser abschrecken.
4. Für die Marinade den Karottensaft auf die Hälfte einkochen. Restliche Marinade-Zutaten zugießen und auf 70 °C erwärmt etwa 2 Stunden ziehen lassen. Die Marinade durch ein Sieb abgießen und mit einem Pürierstab aufmixen.
5. In der Zwischenzeit die Butter für das Püree in einem Topf schmelzen. Geschälte und gewürfelte Karotten darin anschwitzen. Mit Salz und Zucker würzen, den Orangensaft zugießen. Karotten im Saft weich kochen und mit den gekochten Kartoffeln zu einem Püree verarbeiten.
6. Das abgetropfte Tapioka mit der Marinade vermengen.
7. Für das Tataki Sojasauce, Misopaste, Sesamöl und Anispulver glatt rühren und etwas ziehen lassen. Anschließend durch ein Sieb abgießen. Den Lachs mit der Marinade rundum bestreichen. Öl in einer Pfanne erhitzen und den Lachs darin bei starker Hitze von jeder Seite nur kurz anbraten. Den Lachs in 1 cm dicke Scheiben aufschneiden, jeweils die obere Schnittfläche mit etwas Fleur de Sel würzen.
8. Das Karottenpüree mittig auf den Teller setzen. Darum herum das Tapioka mit den Karotten-Pickles geben. Auf dem Püree zwei Lachsscheiben platzieren und nach Geschmack noch mit gehobelten Karottenscheibchen oder -spirelli garnieren.

KABELJAU UND NORDSEEKRABBEN

MIT ZITRONEN-MISO-DILLSAUCE

Braune Butter. Beurre Noisette - sogenannte Nussbutter - ist eine Wunderwaffe der guten Küche. Fast alles schmeckt besser mit ihr und in Kombination mit Miso und frischer Zitrone ist sie das Beste, was einem schönen Fisch passieren kann. Wer möchte, kann das Fischfilet natürlich auch auf der Haut braten, ich persönlich mag es lieber ohne. Jeder festfleischige Fisch eignet sich für dieses Rezept. Meist lasse ich mich im Laden beraten, was gerade angeboten wird.

FÜR 2 PORTIONEN

SAUCE

50 g Butter
2 EL Shinshu Miso (s. S. 16)
1 Bio-Zitrone, Saft und Schalenabrieb
½ Bund Dill
1 TL Butter

FISCH

400 g Kabeljau (Loins, ohne Haut) oder anderer weißer, festfleischiger Fisch
50 g Nordseekrabben
Meersalzflocken

BEILAGE

junge Gemüse vom Markt wie Spargel, Zuckerschoten, Frühlingszwiebeln, pro Portion etwa 200 g

1. Die Butter in einem kleinen Topf schmelzen und bei niedriger Temperatur langsam bräunen. Sobald ein golden-brauner Ton erreicht ist, die geklärte Butter durch ein feines Sieb (noch besser: durch ein Mulltuch) abseihen. Etwas abkühlen lassen.
2. Miso mit 2 EL Zitronensaft unter die braune Butter mischen.
3. Den Dill bis auf ein paar Spitzen für die Dekoration feinhacken und ebenfalls hinzufügen.
4. In einer Pfanne 1 TL Butter aufschäumen, die Temperatur reduzieren und die Kabeljau-Loins darin sanft auf jeder Seite 1–2 Minuten anbraten. Den Fisch auf einen vorgewärmten Teller geben, mit Meersalzflocken bestreuen und abgedeckt nachziehen lassen. Er darf nicht mehr roh sein, darf aber auch nicht zerfallen.
5. Die Krabben in die gleiche Pfanne geben, einmal kurz durchschwenken und die Butter-Zitronen-Sauce dazugeben. Nicht kochen, sondern nur leicht erwärmen.
6. Das Gemüse putzen und küchenfertig vorbereiten. In einem Dämpfeinsatz über Salzwasser garen und auf vorgewärmten Tellern anrichten. Den Fisch daraufsetzen und die Sauce mit den Krabben darüber geben. Mit ein paar Dillspitzen bestreut servieren.

LACHS MIT PAK CHOI

UND SÜSS-SALZIGER TOFUCREME

von Kudo Chiori

FÜR 2 PORTIONEN

2 Lachsfilets à 300 g mit Haut
1 EL Öl zum Braten

TOFU-MISO-MAPLE-CREME

100 g Seidentofu
½ EL Ahornsirup
1 TL Reisessig
½ TL Dijonsenf
1 EL süße Miso-Sauce (Rezept s. u.)

SÜSSE MISO-SAUCE

170 g Shiro Miso (s. S. 16)
25 g Zucker
50 ml Sake
1 Eigelb

SÜSSE SOJASAUCE

2 EL Sojasauce
1 TL Sake*
2 EL Mirin*
1 ½ EL Zucker

1 kleiner Pak Choi

kleine Blättchen von Shiso- oder Daikon-Kresse und Blutampfer

1. Für die Creme den Seidentofu 10 Minuten über einem Sieb abtropfen lassen. Mit Ahornsirup, Essig und Senf in eine Schüssel geben und pürieren.
2. Für die süße Miso-Sauce die Zutaten in einen Topf geben und mit einem Schneebesen glattrühren. 15–20 Minuten einkochen, bis die Mischung in etwa die gleiche Konsistenz hat wie das Miso. Mit der Tofucreme mischen.
3. Die Zutaten für die süße Sojasauce in einen kleinen Topf geben und einmal aufkochen.
4. Den Ofen auf 100 °C vorheizen.
5. Das Öl in einer Pfanne erhitzen und den Lachs auf der Hautseite anbraten, bis sie kross ist. Den Fisch im Ofen etwa 10 Minuten fertig garen.
6. Währenddessen den kleinen Pak Choi waschen, halbieren und über Salzwasser ca. 8 Minuten dämpfen.
7. Die Pak-Choi-Hälften auf vorgewärmten Tellern anrichten und den Lachs darauf legen. Die Tofucreme rund um den Lachs verteilen und mit der süßen Sojasauce garnieren.

Weitere Rezepte mit Tofu sowie spannende Interviews mit Tofu-Produzenten gibt es in meinem neuen Buch „Tofu, Yuba & Okara" (ISBN 978-3-7750-0794-8, Hädecke Verlag).

OKTOPUS

MIT SCHWARZEM PFEFFER UND RUCOLA-BIRNEN-SALAT

Vergessen Sie alles, was sie über Weinkorken oder andere heiße Tipps gelesen haben. Das Garen in Wasser und Öl ist das Geheimnis für butterzarten Oktopus. Er eignet sich so zubereitet auch wunderbar als Basis für einen Salat: Einfach abkühlen lassen und mit einer Vinaigrette servieren.

FÜR 2 PORTIONEN

OKTOPUS

500 g Oktopus (küchenfertig, beim Fischhändler am besten vorbestellen und vorbereiten lassen)
1 EL Aka Miso (s. S. 16)
1 TL Dashipulver
40 ml Olivenöl, 2 Lorbeerblätter
evtl. Salz

RUCOLA-BIRNEN-SALAT

1 großes Bund Rucola (ca. 80 g)
1 mittelgroße Birne, z. B. Uta oder Clapps Liebling (nicht zu reif)
2 EL Sweet Chili Sauce
1 EL Olivenöl
½ Zitrone, frisch gepresster Saft
1 TL Sojasauce, Salz

MISO-PASTE

1 TL Hatcho Miso (s. S. 17)
1 EL Tomatenmark
1 Prise Pimentón de la Vera
1 TL Sojasauce
1 TL schwarzer Pfeffer, frisch gemahlen
1 EL Olivenöl

1. Den Ofen auf 180 °C vorheizen.
2. Den Oktopus in einen Bräter oder eine gusseiserne Form mit Deckel geben und so viel Wasser zugießen, dass er gerade bedeckt ist. Miso, Dashipulver, Olivenöl und Lorbeerblätter dazugeben und einmal aufkochen.
3. Den Deckel daraufsetzen und für 1 Stunde in den Ofen geben.
4. Für den Salat den Rucola waschen, putzen und trocken schleudern. Die Birne schälen, vierteln und das Kerngehäuse entfernen. Die Birnenviertel quer in Scheiben schneiden.
5. Die restlichen Zutaten für das Dressing anrühren.
6. Aus Hatcho Miso, Tomatenmark, Paprikapulver, Sojasauce, Pfeffer und Olivenöl eine Paste zubereiten.
7. Den Oktopus aus dem Ofen holen und die Tentakeln abschneiden. Jede mit der Paste bestreichen.
8. Eine Pfanne erhitzen und die Tentakeln rundum anbraten. Nach Belieben mit etwas Salz bestreuen.
9. Den Salat anmachen und mit dem Oktopus servieren.

HINWEIS: *Pimentón de la Vera ist ein herkunftsgeschütztes, über Steineichen geräuchertes Paprikapulver aus Spanien. Die aus der Extremadura stammende Gewürzspezialität gibt es in drei Varianten: dulce (süßlich-mild, ähnliche Schärfe wie edelsüßer Paprika), picante (scharf) und agridulce (süß-scharf).*

NACHGEFRAGT

bei Tohru Nakamura, München

Kennengelernt habe ich Tohru Nakamura auf einem Symposium zum Thema Umami. Wissenschaftler, Köche, Journalisten und Blogger kamen zusammen, um über den fünften Geschmack zu diskutieren. In seinem Restaurant kosteten wir verschiedene Dashi-Brühen aus Kombu, die er für uns vorbereitet hatte. Doch neben den Brühen hatte er auch etwas „Handfesteres" in petto: Leberkäse mit Miso. Immer wieder zog es mich zu diesem bayerischen Klassiker, dem er einen außergewöhnlichen Twist gegeben hatte. Sein spielerischer Umgang mit Miso und seine Begeisterung für dieses Thema ließen mich ihn nach Miso in Desserts fragen. Ich hätte keinen Besseren dazu finden können. Schließlich einigten wir uns auf eine Miso-Praline und ein Miso-Soufflé. Und es ist mir eine große Ehre, dass seine Rezepte dieses Buch bereichern.

Rezepte auf Seite 182 & 184

Tohru Nakamura, Jahrgang 1983, wusste bereits mit 14 Jahren, dass er Koch werden wollte. Die Begeisterung für die Kulinarik gaben ihm seine Eltern mit auf dem Weg. Während seiner Kindheit besuchte er einige Male mit seinen Eltern Japan. Esskultur, gemeinsames Essen und Kochen spielten in der Familie auch damals schon eine große Rolle.
Nakamuras erste Station war das Hotel Königshof in München, wo er bei Martin Fauster sein Handwerk erlernte und ein weiteres Jahr Demi-Chef de Partie war. Weitere Stationen waren das Restaurant Vendôme in Bensberg bei Joachim Wissler und danach das Restaurant „Oud Sluis" bei Sergio Herman – beide mit je drei Michelin Sternen ausgezeichnet. Dann brachte ihn ein Praktikum wieder nach Japan: In Tōkyō konnte er in drei weiteren Restaurants sein Wissen ausbauen. 2012 kehrte er in seine Heimat München zurück. Bis 2020 war Nakamura Küchenchef bei Geisels Werneckhof in Schwabing und erkochte gleich im ersten Jahr den ersten Stern, der zweite folgte 2016. Die „Schreiberei" in München ist ab 2021/2022 seine neue Wirkunsgstätte. Dort präsentiert er eine „gehobene, weltoffene Küche". Er gilt als Purist und Aromen-Virtuose. Inzwischen schreibt er auch für die Süddeutsche Zeitung als Teil des „Kochquartetts". Für seine individuelle Handschrift wurde er 2020 vom Gault Millau zum Koch des Jahres geehrt.

Wie hast du Miso kennengelernt?

Der erste Kontakt war sicherlich unbewusst als kleines Kind. Mein Vater ist Japaner und meine Mutter kochte japanisch. Natürlich auch bei den Besuchen der Großmutter in Tōkyō.

Was ist dein Lieblingsgericht mit Miso?

Ich liebe die Aubergine – gegrillt, frittiert oder geschmort. Es ist eines der klassischsten Miso-Gerichte überhaupt. Oder einfach Miso auf frischen Gurken. Im Sommer gibt es in Tōkyō immer Feuerwerke, nicht wie bei uns an Silvester oder so, bei diesen Festivals gibt es meist auch ganz viele kleine Stände, die Essen anbieten. Frische, kleine japanische Schlangengurken, eiskalt müssen die sein, mit Miso bestrichen, auf einem Holzspieß. Das ist unglaublich köstlich und erfrischend. Oftmals sind es eben die ganz einfachen Dinge.

Gibt eine Miso-Sorte, die du besonders magst?

Eigentlich nicht, aber es gibt etwas, was ich im Zusammenhang mit Miso ganz besonders mag. *Miso Tamari*. Also gar nicht die Paste an sich, sondern genau jenes Tamari, das während des langen Fermentationsprozesses von Miso entsteht.

Leberkäse und Miso

Wie kam Tohru Nakamura eigentlich auf die Idee, *Leberkäse* mit Miso zu verfeinern? „Es gab einmal während der Oktoberfestzeit eine Anfrage des Bayerischen Rundfunks", meint er. Er wurde gefragt, wie man die typisch bayerischen Wies'n-Klassiker auf einem Brotzeitbrettl japanisch interpretieren könne. Und so hat er sich bei seinem Metzger Leberkäsbrät bestellt und Miso, gerösteten und gemörserten Sesam und Ingwer darunter gemischt. Das fanden dann alle so toll, dass sich jeder gefragt habe, warum es das nicht schon eher gab.

Obatzter, ebenfalls ein sehr traditionelles Gericht der bayerischen Küche aus kräftig gewürztem Camembert und Butter, das ausgesprochen gern in Biergärten verzehrt wird, hat er mit Tofu abgewandelt. Und warum nicht mal *Steckerlfisch* mit Wasabi und Shiso-Kresse? Er sei ja öfters auf irgendwelchen Tagungen, Events und Treffen von Spitzenköchen. „Da gibt sich dann das Who-is-who der Spitzenköche ein Stelldichein und es gibt doch immer nur das Gleiche. Das geht auch einfacher, hab' ich mir gedacht." Und Nakamuras Miso-Leberkäse befriedigt genau diesen Wunsch, was ich bestätigen kann.

Wie er denn das Bekanntwerden von Miso in unseren Küchen so wahrgenommen habe, frage ich neugierig. Das sei schon sehr trendig im Moment, antwortet er. Und meist gäbe es hier immer den gleichen Ansatz, nämlich Miso mit Milch und Fett zu kombinieren. In der europäischen Kultur, in der beides eine große Rolle spiele, sei das naheliegend. So wäre die Mayonnaise mit Miso bereits zum Klassiker avanciert. Da spräche auch nichts dagegen, er selbst mag beispielsweise Nussbutter, gebräunte Butter, mit Miso, weil diese dadurch eine ganz neue Tiefe bekäme, aber es gäbe wenig, wo auch die Wirkung von Miso zum Einsatz komme. Was genau er damit meine, will ich wissen.
Er verweist auf *Nobu Matsuhisa*, einen japanischen Starkoch. Der habe in seinem berühmten *Miso Black Cod* (Kabeljau) eben nicht nur Miso als Geschmack eingesetzt, sondern auch, weil Miso die Struktur des Fisches verändere. Grundsätzlich findet er aber positiv, dass viele neue Einflüsse das Spektrum von Miso erweitern.

Durch ein Grundprodukt entstünden so neue Dimensionen und Akzente, die vielleicht in Japan nie entstanden wären, weil keiner dort auf die Idee käme, Miso so einzusetzen.

Wie denn Japan diesen Trend wahrnehme, dass Miso plötzlich sehr angesagt sei in der westlichen Welt, frage ich. Er habe nicht den Eindruck, dass Japan sich sonderlich dafür interessiere, allerdings sei er hier auch vielleicht zu wenig mit japanischen Köchen vernetzt, um konkret etwas dazu zu sagen. Ganz anders jedoch die peruanische Nikkei-Küche, dort zeige man großes Interesse daran, was mit deren Ceviche so alles passiere, wie diese weltweit interpretiert würden.

Wo die Oma schon einkaufte

Als wir über seine Miso-Lieblingssorte sprechen, die er ja nicht hat, sondern das Nebenprodukt *Tamari* am meisten schätzt, erzählt er mir die Geschichte eines winzigen Ladens in Tōkyō, wo es die ganzen Küchensachen zu kaufen gäbe, und der versteckt in einer Seitengasse liege. Seine Oma habe dort schon eingekauft und für sie gab es dort das beste Miso. *Gunji Miso Tsukemono-ten* heißt der winzige Laden, der auch *Miso Tamari* verkauft. Leider habe er noch keinen Lieferanten hier in Europa gefunden, der ihm diese Qualität anbieten könne, und so bringt er sich jedes Mal von dort drei bis vier Fläschchen à 200 ml für zuhause mit. Dieses *Miso Tamari* vom weißen *Shiro Miso* sei heller als helle Sojasauce und dickflüssiger, und es schmecke noch viel intensiver nach Sojabohne.

ASIA-BURGER

MIT MANDEL-MISO-PESTO

Ich gehöre definitiv zu den Menschen, die man mit einem guten Burger glücklich machen kann. Gute Zutaten und bestes Biofleisch auf einem selbstgebackenen Brioche Bun – fehlt nur noch der Sonnenuntergang, ein kühles Bier und ein guter Sound für ein kulinarisch gelungenes Sommerwochenende.

MARINIERTE GURKEN

1 kleine Gartengurke, 2 EL Reis- oder Kokosessig, 1 TL Zucker, ¼ TL Salz, Chiliflocken, 1 TL Sonnenblumenöl

PATTYS

600 g Bio-Hähnchenbrust
3 EL Koriandergrün, gehackt
2 EL Vollkorn-Semmelbrösel, 1 Eigelb
einige Tropfen geröstetes Sesamöl
1 gute Prise Cayenne (besser: Gochugaru, ein fruchtiges Chilipulver)
Salz, 2 EL rote Zwiebeln, fein gehackt

PESTO

60 g blanchierte Mandeln, in der Pfanne ohne Fett geröstet
½ Bund Koriander, 50 ml Olivenöl
½ Bio-Limette, Schalenabrieb
1 EL Shiro Miso (s. S. 16), 2 EL Sweet Chili Sauce (aus dem Asia Laden)

4 kleine Burger-Brötchen oder selbst gebackene Brioche Buns (s. S. 209)
1 Handvoll Rucola, 1 kleine rote Zwiebel, in feine Ringe geschnitten
einige frische Sprossen
ca. 8 Holzspieße

1. Die Gurke längs in feine Scheiben hobeln. Mit den übrigen Zutaten mischen und mindestens 30 Minuten ziehen lassen.
2. In der Zwischenzeit die Hähnchenbrust von möglichen Sehnen befreien und das Fleisch sorgfältig mit Küchenkrepp trocken tupfen. Mit einem großen Messer zuerst in feine Streifen schneiden, dann weiter hacken (s. a. S. 129). Mit dem gehackten Koriander, den Semmelbröseln, dem Eigelb, Sesamöl, Pfeffer, Salz und den roten Zwiebeln mischen. Das geht am besten mit den Händen. Abgedeckt im Kühlschrank etwa 30 Minuten ziehen lassen.
3. Für das Pesto die gerösteten Mandeln mit dem Koriander, dem Öl, der Limettenschale, dem Miso und der Sweet Chili Sauce in einem Blitzhacker pürieren.
4. Mit angefeuchteten Händen aus dem Fleisch golfballgroße Kugeln formen und diese flach drücken. In einer Pfanne mit etwas Öl von allen Seiten anbraten und bei mittlerer Temperatur durchgaren lassen – und fertig sind die Pattys (so bezeichnen Burgerfans die „Fleischpflanzerl" zwischen den Brötchenhälften).
5. Die Buns (wahlweise kleine Brötchen) mit etwas Rucola belegen, ein Chicken Patty darauf setzen. Darauf 1 EL Pesto geben und mit Zwiebelringen und Sprossen dekorieren. Zum Abschluss eine Scheibe Gurke darauf drapieren. Den oberen Teil des Buns mit einem Spieß fixieren und servieren.

MEXIKANISCHE TACOS

MIT CHIPOTLE CHILI

Hackfleisch mit Käse ist super und Miso einfach toll. Also muss Hackfleisch mit Käse und Miso grandios sein. Ist es auch! Ganz besonders, wenn noch eine rauchige Chipotle mit im Spiel ist. Und somit sind mexikanische Tacos geradezu prädestiniert für ein weiteres Miso-Abenteuer.

HACKFLEISCHFÜLLUNG

600 g Rinderhack
2 EL Inaka Miso (s. S. 16)
1 EL Tomatenmark

1 EL neutrales Pflanzenöl
1 rote Zwiebel, fein gehackt
1 große Fleischtomate, Kerne entfernt, gewürfelt
1 rote Chili, fein gehackt (je nach Schärfegrad entkernt)
1 Dose schwarze Bohnen (400 g)
1 TL Sojasauce
1 EL Kreuzkümmel, gemahlen
1 TL Thymian, getrocknet
2 Chipotle Chilis in Adobo

8 Mais-Tortillas
80 g Queso añejo (fester, mexikanischer Käse; alternativ: heller Cheddar), gerieben

GEMÜSE-FÜLLUNG

½ kleiner Rotkohl, 4 Blätter Eisbergsalat
1 Frühlingszwiebel, Grün
1 Avocado
½ Bund Koriander, Blättchen

1. Den Ofen auf 220 °C vorheizen.
2. In einer Schüssel das Rinderhack mit dem Miso und dem Tomatenmark vermischen.
3. In einer weiten Pfanne das Öl erhitzen und das Fleisch mit ¾ der Zwiebelwürfel unter Rühren anbraten. Weiter rühren, damit sich keine größeren Brocken bilden. Die Tomatenwürfel und die frische Chili dazugeben.
4. Die Bohnen durch ein Sieb abgießen und mit kaltem Wasser überbrausen. Abtropfen lassen und ebenfalls in die Pfanne geben. Mit Sojasauce, Kreuzkümmel und Thymian würzen.
5. Die Chipotle kleinschneiden und mitsamt der Sauce zum Fleisch geben. Sobald die Flüssigkeit verdampft ist, vom Herd nehmen.
6. In einer ofenfesten Form die Mais-Tortillas so biegen, dass sie halbrunde Schalen bilden, die an den Seiten offen sind. So einschichten, dass sie sich gegenseitig Halt geben.
7. Das Fleisch auf die Tortillas verteilen, den Käse darüber streuen. 10 Minuten im Ofen überbacken.
8. In der Zwischenzeit den Rotkohl, den Eisbergsalat und das Frühlingszwiebelgrün in feine Streifen oder Ringe schneiden. Den Kern der Avocado entfernen, die Avocado schälen und würfeln oder in Streifen schneiden.
9. Die Tacos mit der Gemüse-Füllung und den restlichen Zwiebeln belegen. Mit ein paar Korianderblättchen garniert sofort servieren.

PIZZA

MIT LARDO, MISO UND PORTULAK

Tomaten, geschmolzener Käse, vielleicht noch eine würzige Wurst und nicht zuletzt ein guter Teig – dies sind alles Faktoren, die eine gute Pizza ausmachen.
Wenn Pizza an sich schon eine Umami-Bombe ist, wie ist es dann erst, wenn sich Miso dazugesellt? Es ist umwerfend. Und weil ich ganz besonders gern weiße Pizza mag, also ohne Tomaten, habe ich die jetzt einfach weggelassen. Wer sie klassisch mit Tomaten bevorzugt, mischt einfach das Miso in die Tomatensauce.

FÜR 4 PIZZE, Ø 18 CM

PIZZATEIG

250 g Weizenmehl, Type 550 oder Dinkelmehl, Type 630
120 g Weizengrieß
1 TL Trockenhefe
250 ml lauwarmes Wasser
1 EL Olivenöl
1 TL Meersalz

BELAG

100 g Lardo crudo (italienischer Rückenspeck)
2 rote Zwiebeln, geschält
4 Champignons
2 EL Shiro Miso (s. S. 16) oder Saikyo Miso (s. S. 16)

geriebener Käse, z. B. fester Mozzarella oder einfacher Edamer (je Pizza ca. 80 g, ganz nach Geschmack)

1 gute Handvoll Portulak oder Rucola

1. Das Mehl mit dem Grieß auf eine Arbeitsfläche geben und in der Mitte eine kleine Mulde bilden. Die Hefe mit 2 EL Wasser vermischen und hineingeben. Einige Minuten stehen lassen. Dann das restliche Wasser, das Öl und das Salz dazugeben und 5 Minuten von Hand kräftig kneten.
2. Den Teig in eine Schüssel geben und abdecken. Etwa 3 Stunden an einem zugfreien, warmen Ort gehen lassen.
3. Wird der Teig am Vortag hergestellt, kann er bis zur weiteren Verwendung in Folie gepackt im Kühlschrank lagern.
4. In einer kleine Pfanne den Lardo bei mittlerer Hitze etwas auslassen. Die Zwiebeln in feine Ringe schneiden und darin 2 Minuten anschwitzen. Die Pilze ebenfalls in Scheiben schneiden und dazugeben. Nach weiteren 2 Minuten vom Herd nehmen.
5. Den Ofen auf 250 °C vorheizen.
6. Aus dem Teig vier gleichgroße Bälle formen und mit dem Nudelholz ausrollen.
7. Die Pizzafladen mit dem Miso bestreichen und mit der Mischung aus der Pfanne belegen. Den Käse darüber verteilen. Etwa 8–10 Minuten im Ofen backen. Mit frischem Portulak oder Rucola garniert servieren.

TUNA KEBAB

MIT MANGO-AVOCADO-DIP

Die Idee zu diesem Rezept geht auf die uralte, japanische Tradition des Salzgarens zurück: Mit Hilfe von Miso wird Fisch dabei haltbar gemacht. Dabei wird der Fisch quasi ein wenig „vorgegart", da das Fischeiweiß durch das Miso bereits zerfällt. Der Fisch sollte danach nur ganz kurz angebraten werden. Ein schönes Gericht für Sommerabende auf der Terrasse – aber daran denken, dass der Thunfisch über Nacht durchziehen muss!

SPIESSE

100 g Shiro Miso (s. S. 16)
1 EL Mugi Miso (s. S. 17)
1 EL Tamari*
1 EL Schalenabrieb einer Bio-Zitrone

4 EL Sake*
4 EL Mirin*
2 EL Zucker
600 g frischer Thunfisch in Sushiqualität

1 EL neutrales Öl

MANGO-AVOCADO-DIP

1 reife Avocado
2 EL Mango-Senf (alternativ: 1 EL Mangopüree mit normalem Senf vermischen)
1 TL Zitronensaft
1 TL Honig
1 Prise Wasabipulver

Holzspieße, ausreichend gewässert
schwarze Sesamsaat, in der Pfanne ohne Fett geröstet

1. Für den Thunfisch Miso mit Tamari und dem Zitronenabrieb in einer kleinen Schüssel glatt rühren.
2. In einem kleinen Topf Sake mit Mirin einmal aufkochen lassen und die Miso-Mischung unterrühren. Den Zucker hinzufügen und nochmal aufkochen lassen, dabei darauf achten, dass nichts anbrennt. Abkühlen lassen.
3. Den Thunfisch mit der Miso-Mischung bestreichen, in eine Schüssel legen und abgedeckt im Kühlschrank über Nacht marinieren.
4. Am folgenden Tag die Marinade mit Küchenkrepp abtupfen und den Thunfisch in etwa 2 cm große Würfel schneiden. Auf Holzspieße stecken.
5. Für den Mango-Avocado-Dip das Fleisch der Avocado mit der Gabel zerdrücken. Mango-Senf, Zitronensaft, Honig und Wasabi untermischen.
6. Eine Grillpfanne mit Öl einpinseln und die Fischspieße darin auf jeder Seite etwa 15 Sekunden anbraten, nicht länger. Der Fisch sollte innen noch roh sein. Mit dem Mango-Avocado-Dip servieren.

GALETTE MIT TOMATEN,

FRISCHEM MAIS UND MISO-BUTTER

Bei Galettes denke ich immer an frühere Sommerferien in der Bretagne. Jeden Abend haben wir Galette gegessen und trotzdem schafften wir es nie, uns durch alle Variationen zu probieren. Mais und Miso sind wie füreinander geschaffen: Die Süße vom Mais gewinnt durch das Miso eine ungeahnte Dimension. Miso-Butter auf frisch gegrillten Maiskolben sollten restlos überzeugen.

FÜR 2 GALETTE, Ø CA. 18 CM

TEIG

130 g Weizenmehl, Type 550
70 g Buchweizenmehl
60 g Maismehl
150 g kalte Butter
½ TL Salz
1 Eigelb
2 EL Parmesan, fein gerieben
50 ml Wasser

FÜLLUNG

2 grüne Tomaten
10 Datteltomaten
1 Kolben Zuckermais

2 EL Butter
2 EL Genmai Miso (s. S. 17)
oder Mugi Miso (s. S. 17)

4 EL Parmesan, fein gerieben

1 EL Sahne, 1 Ei

1. Die Mehle mit der Butter und dem Salz in einer Küchenmaschine 2 Minuten kneten. Eigelb, Parmesan und Wasser dazugeben und weiterkneten, bis der Teig geschmeidig ist.
2. Aus dem Teig zwei Kugeln formen, in Klarsichtfolie wickeln und ½ Stunde kalt stellen.
3. Die grünen Tomaten in dicke Scheiben schneiden, die Datteltomaten halbieren und jeweils den Strunk entfernen. Die Tomaten ohne Fett ein wenig in einer Pfanne rösten, damit sie Wasser verlieren. Danach bis zur weiteren Verwendung auf Küchenkrepp legen.
4. Die Maiskörner vom Kolben schneiden. In einer Pfanne die Butter erhitzen und das Miso einrühren. Die Maiskörner hinzufügen und 1 Minute unter Rühren kurz garen. Beiseite stellen.
5. Den Ofen auf 200 °C vorheizen.
6. Den Teig auf einer leicht bemehlten Arbeitsfläche zu zwei Platten mit ca. 20 cm Durchmesser ausrollen.
7. Mit je 1 EL Parmesan bestreuen, dabei einen 2 cm breiten Rand lassen. Tomaten und Maiskörner auf dem Käse verteilen. Sollte noch Butter in der Pfanne sein, einfach darüber gießen. Die Ränder einklappen und in gleichmäßigen Abständen einen Falz bilden.
8. Das Ei mit der Sahne verquirlen und die Ränder damit bestreichen.
9. Die Galettes auf ein mit Backpapier ausgelegtes Blech legen und 10 Minuten im Ofen backen. Dann nochmals die Ränder mit der Ei-Sahne-Mischung bestreichen und etwas Parmesan darüber streuen. Nochmal für 20 Minuten bei 180 °C backen.

WARUM MISO SO GESUND IST

Wenn es in Filmen um das Mittelalter geht, ist der sogenannte „Bader" meist nicht weit weg. Jener „Arzt der kleinen Leute", der Knochen einrenkte, Zähne zog und einen Trank oder eine Salbe gegen alles hatte. In den meisten Fällen nur eine Medizin und deren Zutaten waren undurchsichtig. Ein dubioses Mittelchen gegen Haarausfall, Leibbeschwerden jeglicher Art und Dämonen im Schädel.

Liest man die vielen Studien zu Miso, dann keimt ein wenig von diesem Glauben an ein umfassend potentes Mittel gegen jedwedes Gebrechen wieder auf. Miso kann das, Miso kann jenes. Miso ist kein Wundermittel, aber es kann unglaublich viel und längst sind noch nicht alle Fragen umfassend beantwortet. Beispielsweise die, warum es von so vielen als wichtig für ein langes Leben erachtet wird.

Miso – ein Wundermittel?

Alle wollen sich nur noch gesund ernähren, teilweise meines Erachtens sogar unter Verzicht auf Genuss. Was steckt dahinter? Darüber ließe sich stunden- oder tagelang diskutieren. Ein Grund mag sein, dass sich viele Menschen veräppelt fühlen – nicht zuletzt durch die zahlreichen Lebensmittelskandale der vergangenen Jahre – und endlich wissen wollen, was sie da essen. Die Sehnsucht nach sauberen Lebensmitteln, die ihren Namen auch verdienen, ist groß.
Ich bin für Genuss, Dogmen oder strenge Ernährungstrends, die den Gesundheitssuchenden alljährlich präsentiert werden, sind mir suspekt. Und diese Hypes bringen auch immer eine erkleckliche Anzahl an gesunden Nahrungsmitteln mit sich – heutzutage ganz schick als „Superfoods" bezeichnet –, die nicht zwingend neu, aber durch irgendeine aktuelle Studie „wiederentdeckt" wurden. Teilweise Jahrtausende altes Wissen aus traditionellen Heilmethoden wird heute durch viele wissenschaftliche Untersuchungen bestätigt, was unser Vertrauen in diese Medizinmethoden zu stärken vermag. Und was einmal mehr zeigt, dass es völlig normal war, mit Nahrung zu heilen.

Das kann aber teilweise zu etwas abstrusen PR-Mitteilungen führen, die mehr verwirren, als dass sie Klarheit bringen. Ein gutes Beispiel sind Isoflavone, die in Sojabohnen, der Grundzutat von Miso, zu finden sind. Als isolierte Stoffe können sie sogar schaden, aber eingebunden in das ganze Lebensmittel wirken sie gesundheitsförderlich. Und es ist doch viel schöner, zu schlemmen, als mit verkniffenen Mundwinkeln Verzicht zu üben und ein paar Superfood-Pillen einzuwerfen! Und wenn wir schon von altem Wissen sprechen: Schon Aristoteles bemerkte, dass das Ganze mehr als die Summe seiner Teile sei. Enzyme, Mineralstoffe, Vitamine, pflanzliche Proteine, Ballaststoffe, Lecithine mit gesunden Omega-3-Fettsäuren und Cholin, Prostaglandin E – nehm' ich alles und sie sind wunderbar verpackt in einer Paste, die sich Miso nennt. Und dort in ihrer natürlichen Form und nicht als künstlich hergestelltes Functional Food aus dem Labor.
Für alle, die sich für wissenschaftliche Studien erwärmen können, gibt es einiges Kleingedruckte im Anhang (das kennen Sie ja bereits von den Beipackzetteln). Für weitergehende gesundheitliche Infos empfehle ich einen Blick in die zahlreichen naturmedizinischen Ratgeber, die es am Markt gibt und

zu denen Sie eine Auswahl in den Literaturangaben finden können. Ich bin eine bekennende Genuss-Autorin und möchte an dieser Stelle das Feld gerne den vielen Ernährungswissenschaftlern, Naturmedizinern und Fachleuten überlassen, die täglich praktische Erfahrungen damit haben. Auch die zahlreichen Titel zum Thema „Fermentieren" geben zum gesundheitlichen Aspekt viele Infos, die an dieser Stelle nicht alle wiederholt werden müssen. Meine Meinung ist, wer seine Mahlzeiten in Ruhe genießt, trägt schon einen Großteil dazu bei, dass ihm dieses Lebensmittel auch gut tut.

Das Kleingedruckte

Nachdem mich der Miso-Virus einmal gepackt hatte, muss ich auch hier meiner Begeisterung für dieses geniale Lebensmittel Ausdruck verleihen, das durch kleinste Mengen im Essen schon so viel Gutes für unsere Gesundheit tun kann. Ein wichtiger Hinweis: Die Wirksamkeit von Miso hängt stark von seiner Qualität ab. Daher sind unpasteurisierte Produkte, in denen diese ganzen Inhaltsstoffe noch aktiv sind, immer zu bevorzugen gegenüber erhitzten, haltbar gemachten Pasten. Diese möglichen Wirkungen haben mich schwer beeindruckt:

→ **ANTI-AGING-WIRKUNGEN DURCH DIVERSE ANTIOXIDANZIEN**
→ **KREBS- UND DIABETESVORBEUGEND**
→ **VERDAUUNGSFÖRDERND**
→ **IMMUNSTÄRKEND**
→ **CHOLESTERINSENKEND DURCH POSITIVE BEEINFLUSSUNG DES FETTSTOFFWECHSELS**
→ **PROPHYLAXE VOR ARTERIENVERKALKUNG**
→ **ENTZÜNDUNGSHEMMEND**
→ **ZELLSCHUTZ UND -REPARATUR**

Graslandschaft der Wetlands in der Suncheon Bay, Korea

EINE AUSWAHL AN WISSENSCHAFTLICHEN STUDIEN UND LITERATUR, WELCHE DIE GESUNDHEITLICHEN WIRKUNGEN VON MISO UND DAENJANG UNTERSUCHT HABEN.

Verdauung und Stoffwechsel:

Eigenschaften von Mikroorganismen in fermentierten Lebensmitteln und ihre Auswirkungen auf unsere Gesundheit (u. a. probiotische Wirkung):

Jyoti P. Tamang, Dong-Hwa Shin, Su-Jin Jung, Soo-Wan Chae: Functional Properties of Microorganisms in Fermented Foods. Frontiers in Microbiology, 2016 (7:578).

Harvard Medical School: The Benefits of Probiotics Bacteria, Harvard Health Publications, 2014

Beeinflussung des Übergewichts und der Fetteinlagerung:

Kwak CS, Park SC et al: Doenjang, a fermented soybean paste, decreased visceral fat accumulation and adipocyte size in rats fed with high fat diet more effectively than nonfermented soybeans. Journal of Medicinal Food, 2012 (Jan;15(1):1–9)

Prävention:

Strahlenschutz, Krebsvorbeugung und Blutdruckregulierung durch Miso:

Watanabe H: Beneficial Biological Effects of Miso with Reference to Radiation Injury, Cancer and Hypertension. Toxicologic Pathology, 2013 (Jun; 26 (2): 91–103).

Krebsprävention und -therapie:

Lebensmittel aus Soja und Brustkrebsrisiko:

Key, T.J., Sharp, G.B. et al: Soya food and breast cancer risk: a prospective Study in Hiroshima and Nagasaki, Japan. British Journal of. Cancer, 1999 (81, 1248–1256)

Boucher BA, Cotterchio M et al: Use of isoflavone supplements is associated with reduced postmenopausal breast cancer risk. International Journal of Cancer. 2013 (132/1439)

Heilkräftige Wurzeln, die in Korea an kleinen Straßenständen verkauft werden

Anti-entzündliche Wirkungen:

Antioxidative und entzündungshemmende Wirkung von Daenjang-Bestandteilen:

Kwak CS, Son D, Chung YS et al: Antioxidant activity and anti-inflammatory activity of ethanol extract and fractions of Doenjang in LPS-stimulated RAW 264.7 macrophages. Nutrition Research and Practice (2015 (Dec;9(6):569–78)

Einflüsse auf das Immunsystem:

Immunmodulierende Wirkung von fermentierten Mung- und Sojabohnen im Vergleich ihrer freien Aminosäuren, Antioxidanzien und Phenolsäuren:

Ali NM, Yeap SK et al: Comparison of free amino acids, antioxidants, soluble phenolic acids, cytotoxicity and immunomodulation of fermented mung bean and soybean. J Sci Food Agric., 2016 (Mar 30;96(5):1648–58)

Prävention gegen Altersdiabetes:

Mögliche Diabetes-Prävention durch fermentierte Sojabohnenprodukte:

Kwon DY, Daily JW 3rd et al: Antidiabetic effects of fermented soybean products on type 2 diabetes. Nutrition Research, 2010 (Jan;30(1):1–13).

Prävention gegen Arterienverkalkung:

In-vitro-Untersuchung, die darauf schließen lässt:

De Andrade CM, Bianchini FJ et al: Effects of an aglycone-rich biotransformed soybean extract in human endothelial cells. Climacteric (Journal of the International Menopause Society). 2015 (18(4):651–5).

MISO-EIS

Salzkaramell kann jeder! Miso-Eis ist aber noch eine Spur feiner, eleganter und gleichzeitig wunderbar tief in seiner Süße. Ich bin verrückt nach diesem Eis, erfinde immer wieder neue Varianten und probiere es mit unterschiedlichen Miso-Sorten. Süßes mit Miso ist auf diese Weise jedenfalls eine Entdeckung wert.

1 ½ EL Speisestärke
400 ml Milch
350 ml Sahne
150 g Zucker
1 EL Aka Miso (s. S. 16)
2 EL Shiro Miso (s. S. 16) oder
Saikyo Miso (s. S. 16)
50 g Frischkäse (Doppelrahmstufe)

1. Die Stärke mit 2 EL Milch glattrühren. Die restliche Milch mit der Sahne und dem Zucker aufkochen und etwa 3 Minuten leicht sprudelnd kochen lassen.
2. Miso mit dem Frischkäse verrühren.
3. Zuerst die mit Stärke versetzte Milch in die Milch-Sahne einrühren und weiterköcheln lassen. Vom Herd nehmen und die Miso-Frischkäse-Creme mit einem Schneebesen sorgfältig untermischen.
4. Die Mischung abkühlen lassen. Das geht am besten in einer größeren Schüssel mit Eiswürfeln, in die man den Topf mit der Eismasse hinein stellt.
5. In einer Eismaschine ca. 30 Minuten fertig kühlen, in eine Form füllen und mit Backpapier abdecken. Danach noch etwa 2 Stunden im Gefrierschrank fest werden lassen.

TIPP: *Wer Lust hat, kann die Mischung noch mit kandiertem oder frisch geriebenem Ingwer oder Fruchtpüree abwandeln. Auch Rumtopffrüchte sind dafür nicht zu verachten.*

MISO BROWNIES

Freunde waren auf Bali und brachten mir ein wunderbares Kakaopulver mit. Da heißer Kakao nicht ganz mein Fall ist, war ziemlich schnell klar, wofür ich dieses Pulver verwenden würde. Miso Brownies sind für mich die ultimativen Brownies. Die leichte Salznote verleiht ihnen das gewisse Etwas, ohne dass der Miso-Geschmack zu dominant wäre. Für Schokoladenliebhaber mit Lust auf Neues.

FÜR 1 RECHTECKIGE BACKFORM, 20×20 CM

Butter zum Einfetten

100 g Schokolade mit 65 % Kakao
60 g Schokolade mit 45 %
40 g Schokolade mit 35 %
230 g Süßrahmbutter
1 EL Hatcho Miso (s. S. 17)
1 EL Shiro Miso (s. S. 16)
70 g Weizenmehl, Type 405
120 g feiner Zucker
100 g Muscovado*
½ TL Backpulver
60 g Kakaopulver
3 Eier, 1 Eigelb

1. Den Ofen auf 180 °C vorheizen. Die Form mit Butter einfetten.
2. In einer Metallschüssel über dem Wasserbad die zerkleinerten Schokoladen mit der Butter und dem Miso schmelzen.
3. In einer zweiten Schüssel das Mehl mit dem Zucker, Backpulver und dem Kakao vermischen. Nach und nach unter die geschmolzene Schokolade mischen.
4. Die Teigschüssel vom Wasserbad nehmen und mit dem Handrührgerät die Eier und das Eigelb unterrühren.
5. Den Teig in die vorbereitete Form geben und ca. 30 Minuten im Ofen backen. Zum Ende der Backzeit mit der Stäbchenmethode kontrollieren, damit die Brownies weder zu trocken werden, noch innen zu flüssig sind.
6. Pur genießen oder lauwarm mit Vanilleeis oder Crème fraîche servieren.

APRIKOSEN-KONFITÜRE

MIT GEWÜRZEN

Marmelade außerhalb der Beerensaison kochen? Kein Problem, denn diese hier verwendet getrocknete Aprikosen und Sauerkirschen. Sie ist hat eine feine Säure und schmeckt auf frisch getoastetem Brot einfach umwerfend – genau so gut wie Früchtebrot.

FÜR 2 GLÄSER À 250 ML

200 g getrocknete Aprikosen (ungeschwefelt)
70 g getrocknete Sauerkirschen
100 ml Wasser
100 ml Weißwein oder Apfelsaft
1 Bio-Orange, Schalenabrieb und Saft (ca. 60 ml)
½–1 Zitrone, Saft (ca. 40 ml)
1 Zimtstange
1 Sternanis
2 Lorbeerblätter
1 walnussgroßes Stück Ingwer, geschält und gerieben
1 EL brauner Zucker
1 ½ EL Shinshu Miso (s. S. 16)

1 Gewürzsäckchen oder Einmal-Teebeutel
2 Marmeladengläser à 250 ml, sterilisiert

1. Die Aprikosen und Sauerkirschen würfeln. Mit Wasser, Weißwein, Orangen- und Zitronensaft in einen Topf geben und etwa 2 Stunden ziehen lassen.
2. Die Gewürze in ein Gewürzsäckchen oder einen Einmal-Teebeutel geben, der gut verschlossen wird. Mit dem geriebenen Ingwer, dem Zucker und der Hälfte des Schalenabriebs der Orange zu den eingeweichten Trockenfrüchten geben.
3. 15–20 Minuten bei geschlossenem Deckel köcheln lassen (wenn die Mischung zu dickflüssig wird, weiteres Wasser oder Weißwein zugießen).
4. Die Gewürze herausnehmen.
5. Das Miso unterrühren, einmal aufkochen lassen und dann in die sterilen Gläser füllen.

TIPP: *Anstelle des Weißweins kann man auch Sake verwenden.*

MISO-SOUFFLÉ

MIT RHABARBER-UMEBOSHI-KOMPOTT

von Tohru Nakamura

FÜR 8 OFENFESTE FÖRMCHEN, Ø 8 CM, 4 CM HOCH

SOUFFLÉ

3 Eigelbe
60 g Zucker
100 g Quark (Halbfettstufe)
90 g Schmand
1 Bio-Limette, Schalenabrieb und Saft (ca. 15 ml)
25 ml sehr mildes Olivenöl
120 g Eiweiß
40 g Zucker
12 g Speisestärke, durchgesiebt
2 EL Shiro Miso (s. S. 16)

Butter und Zucker für die Förmchen
je 1 EL Himbeerpulver (aus gefriergetrockneten Himbeeren) und Puderzucker
essbare Blüten

RHABARBER-UMEBOSHI-KOMPOTT

2 Stangen Rhabarber (möglichst roter Erdbeerrhabarber)
3 EL Zucker
50 ml Wasser
2 Umeboshi*

1. Für das Soufflé die Eigelbe mit dem Zucker erst über einem heißen Wasserbad warm aufschlagen und dann in einer Küchenmaschine kalt schlagen. Mit dem Quark, Schmand, dem Limettenabrieb und -saft sowie dem Olivenöl mischen. Einen Tag im Kühlschrank kalt stellen.
2. Für das Kompott den Rhabarber waschen, abziehen und in ca. 1 cm breite Scheiben schneiden. Mit Zucker und Wasser etwa 4 Minuten bei geschlossenem Deckel köcheln lassen.
3. Das Fleisch der Umeboshis vom Kern schneiden und fein hacken. Unter den abgekühlten, weichgekochten Rhabarber mischen und beiseite stellen.
4. Den Ofen auf 180 °C vorheizen.
5. Eiweiß mit Zucker und Speisestärke steif schlagen. In die kalt gestellte Eigelb-Basismasse das Miso einrühren, dann den Eischnee unterheben. Die Backförmchen mit Butter einfetten und einzuckern. Die Soufflémasse hineinfüllen und in eine große Auflaufform mit einem Küchenpapier darunter (das verhindert das Wackeln) setzen. So viel Wasser in die Auflaufform gießen, bis die Förmchen etwa halbhoch darin stehen. Auf der mittleren Schiene in den Backofen schieben und 12–15 Minuten backen.
6. Das Kompott anrichten und mit Blütenblättern dekorieren. Soufflés danach stürzen, neben dem Kompott platzieren und mit Puderzucker sowie z. B. Himbeerpulver bestreuen. Noch heiß servieren.

MISO-PRALINEN

MIT KNUSPRIGER KOMBU

von Tohru Nakamura

FÜR CA. 60–65 PRALINEN

ALGE

100 g Zucker
1 l Wasser
1 Blatt getrocknete Kombu
Öl zum Frittieren

MISO-GANACHE

75 g Zucker
3 EL Shiro Miso (s. S. 16)
500 g Sahne
180 g dunkle Kuvertüre

PRALINEN

60–65 Zartbitter-Pralinenhohlkugeln
Kinako (geröstetes Sojabohnenmehl)
200 g dunkle Kuvertüre

getrocknete essbare Blüten zum Garnieren nach Geschmack

Küchenthermometer, Spritzbeutel, Pralinengabel

1. Für die Alge Zucker in Wasser aufkochen und abkühlen lassen. Getrocknete Kombu darin für ca. 10 Minuten aufquellen lassen, in feine Streifen schneiden. Unter kaltem fließendem Wasser etwas abspülen, dann auf ein Geschirrtuch zum Trocknen legen.
2. In stark erhitzbarem Öl bei 180 °C knusprig frittieren.
3. Für die Ganache Zucker in einem Topf karamellisieren und vom Herd ziehen.
4. Darin das Miso einrühren, das durch die Resthitze mitkaramellisiert wird. Mit der Sahne ablöschen und die dunkle Kuvertüre darin auflösen.
5. Auf etwa 28 °C abkühlen lassen und in einen Spritzbeutel füllen.
6. Die Ganache in die Pralinenhohlkugeln füllen und mit einer Pralinengabel in temperierte (siehe Hinweis) dunkle Kuvertüre tauchen. Danach in Kinako wälzen, auf den Algenstreifen platzieren und mit essbaren Blüten dekorieren.

HINWEIS: *Temperierte Kuvertüre bezeichnet den optimalen Zustand der Kuvertüre für die Pralinenverarbeitung. Hierzu wird erst die Kuvertüre gehackt und ⅔ davon über dem heißen Wasserbad geschmolzen. Die Kuvertüre muss eine Temperatur von 40–45 °C erreichen.*
Dann vom Wasserbad nehmen und die restliche gehackte Kuvertüre unter konstantem Rühren untermischen, bis eine Temperatur von 27–28 °C erreicht ist. Um die Kuvertüre dann weiter verarbeiten zu können, muss ihre Temperatur wieder etwas erhöht werden (je nach Sorte zwischen 30 °C für weiße Kuvertüre und 33 °C für dunkle Kuvertüre).

SCHOKO-MUFFINS

MIT MISO-KARAMELL UND KAKAONIBS

Als ich das erste Mal irgendwo von Miso-Karamell las, wusste ich sofort – das muss ich probieren. Eigentlich ist es wie salziges Karamell, nur irgendwie runder und aromatischer. Und seitdem schütte ich es über alles Mögliche, sogar über meinen Frühstücksjoghurt.

FÜR 12 MUFFINS

Fett für 1 Muffinform mit 6 Mulden

MUFFINS

100 g Butter
250 g Zucker
2 Eier
250 ml Buttermilch
300 g Mehl
80 g Kakao
1 TL Natron
½ TL Backpulver
1 Prise Salz
100 g Schokolade (60 % Kakaoanteil)
1 TL Hatcho Miso, optional (s. S. 17)

MISO-KARAMELL

100 g Zucker
40 ml Wasser
4 EL Sahne
1 TL Shiro Miso (s. S. 16)

3 EL rohe Kakaonibs

1. Alle gekühlten Zutaten ca. 1 Stunde vor dem Backen aus dem Kühlschrank nehmen, damit sie Zimmertemperatur haben. Backofen auf 200 °C vorheizen. Muffinform einfetten oder mit Papierförmchen auslegen.
2. Butter schmelzen und mit Zucker und Eiern schaumig hell schlagen. Buttermilch unterrühren.
3. Mehl, Kakao, Natron, Backpulver und Salz vermischen. Mit einem Holzlöffel unter die Buttermasse ziehen.
4. Schokolade grob hacken und unter den Teig heben. Optional noch etwas Miso dazugeben. Den Teig in die Muffinform füllen und im Ofen ca. 20 Minuten backen.
5. Für das Miso-Karamell den Zucker in einer Sauteuse oder einer kleinen unbeschichteten Pfanne langsam schmelzen und goldbraun werden lassen. Vorsichtig Wasser dazugießen (das kann ziemlich spritzen) und mit einem Schneebesen glatt rühren. Die Sahne und das Shiro Miso unterrühren.
6. Die Muffins aus dem Ofen nehmen, kurz abkühlen lassen und aus der Form nehmen.
7. Mit der Karamellsauce begießen, mit Kakaonibs bestreuen und noch lauwarm oder kalt genießen.

TIPP: *Das Miso-Karamell passt auch großartig zu Eiscreme oder Apfelkuchen.*

AMERICAN CHEESE CAKE

MIT WEISSEM MISO UND HIMBEEREN

Kleine Kuchen sind mir die liebsten. Nicht nur, weil man bloß die Hälfte der Zutaten braucht, sie sind auch das geeignete Mitbringsel, um der Liebling der Party zu werden. New York Cheesecake habe ich tatsächlich das erste Mal Anfang der Achtziger in New York gegessen. Und ich gebe es gerne zu – er hat mich nie wieder losgelassen. Das Shiro Miso darin ist zurückhaltend dosiert. Nur ein Hauch, ein kleiner Hauch salzige Köstlichkeit…

FÜR 1 KLEINE SPRINGFORM Ø 18 CM

BODEN

100 g Vollkorn-Butterkekse
35 g Butter

FÜLLUNG

350 g Frischkäse (Doppelrahmstufe)
70 g Crème fraîche
100 ml Sahne
1 Ei
½ TL Vanilleextrakt
5 EL Zucker
1–1½ EL Shiro Miso (s. S. 16)
½ Bio-Zitrone, Schalenabrieb

2 EL Himbeermark aus pürierten Himbeeren (frisch oder TK) mit etwas Honig gesüßt

evtl. frische Himbeeren für die Deko (je nach Saison)

1. Den Backofen auf 160 °C vorheizen.
2. Die Kekse entweder in einen Blitzhacker geben und zu groben Krümeln hacken oder in einen verschließbaren Gefrierbeutel geben und mit einem Nudelholz zerkrümeln.
3. In einem kleinen Topf die Butter schmelzen.
4. Flüssige Butter mit den Kekskrümeln vermischen und den Boden der Springform damit auslegen. 7 Minuten vorbacken.
5. Den Frischkäse mit Crème fraîche, Sahne, Ei, Vanilleextrakt, Zucker und dem Miso glattrühren. Mit der abgeriebenen Zitronenschale abschmecken.
6. Die Creme in die Springform füllen. Das Himbeermark an drei Stellen daraufsetzen und mit einem spitzen Messer spiralförmige Bahnen ziehen.
7. Ein tiefes, halb mit Wasser gefülltes Blech in den Ofen auf die mittlere Schiene stellen. Die Springform in das Blech setzen und 30–35 Minuten backen. Vollständig abkühlen und über Nacht im Kühlschrank ziehen lassen. Zum Servieren eventuell mit frischen Himbeeren dekorieren.

ÜBER DAS EINKAUFEN

Je intensiver ich mich mit Nahrung und Kochen auseinandersetzte, desto mehr begann ich darauf zu achten, wo meine Produkte eigentlich herkommen. Ich wollte daraus nie eine Religion machen, aber wer schon einmal erlebt hat, dass Karotten, die man auf dem Bauernmarkt gekauft hat, viel länger haltbar sind als jene, die ich im Supermarkt bekomme, der will nur noch das Frischeste. Und das gibt es auf dem Bauern- oder Wochenmarkt. In fast allen Ländern, die ich besucht habe, war einer meiner ersten Wege der zum nächsten Markt oder in die dortigen Markthallen – in Lima wie auch in Kyōto. Ein Markt gibt einem nicht nur einen guten Überblick über das, was gerade Saison hat, er unterstützt auch die kleinen Erzeuger, die sich dem biologischen Anbau verschrieben haben.

Im Spätsommer und Frühherbst brechen die Stände fast unter ihrer Last zusammen, alles ist reif, vollmundig und frisch vom Feld. Im Frühling ist es das erste junge Grün, welches das Ende des Winters einläutet. Jede Jahreszeit hat ihren Reiz, sogar der Winter. Ich habe eine Weile gebraucht, um mich wieder mit Kohl und Rüben anzufreunden. Doch dann waren es vor allem die Rüben und Wurzeln, die eine Vielzahl an Überraschungen parat hielten: im Ofen gebackene Rote Bete, dazu frischer Ziegenkäse und Thymian oder eine ganz Sellerieknolle, über Stunden im Ofen langsam gegart – nur Weniges schmeckt atemberaubender. Gerade der Sellerie entwickelt köstliche, honigartige Noten. Außerdem ist es schön, wenn man die Marktleute über Jahre kennt, von ihnen beraten wird und auch mal einfach noch eine zusätzliche Möhre oder Zwiebel zugesteckt bekommt.

In *München*, wo ich lebe, gibt es jeden Tag in einem anderen Stadtteil mindestens einen Wochenmarkt,

1 auf dem Fischmarkt in Seoul 2 Doppei-san, der Miso-Sommelier 3 auf dem Nishiki-Markt in Kyōto

dazu kommt der große *Viktualienmarkt* im Herzen der Stadt und der *Elisabethmarkt* in *Schwabing*. Der *Viktualienmarkt* hat mich schon immer in seinen Bann gezogen. Während meiner Studienzeit in *Berlin* wurde es zur Tradition, jeden Samstag auf dem *Winterfeldmarkt* einzukaufen. Hier entdeckte ich eine völlig neue Dimension an frischen Produkten: Wassermelonenrettich, Hopfensprossen usw. Auch heute finde ich immer wieder etwas Neues, das mich inspiriert. Auf dem *Viktualienmarkt* habe ich zum ersten Mal den schwarzen Winterrettich näher kennengelernt, der in der Hausmedizin als gutes Mittel gegen Husten bekannt ist. Davor sollte man nicht zurückschrecken, bloß weil wenig andere Zubereitungsarten bekannt sind. Einfach mal damit experimentieren.
Doch es ist nicht nur das Gemüse, das mich am Einkauf auf dem Wochenmarkt überzeugt. Geflügel, Süßwasserfische und Fleisch kaufe ich ebenfalls nur dort, wo ich direkten Kontakt zum Erzeuger haben kann. Mein liebster Metzger auf dem Wochenmarkt bietet wunderbares Lamm, Rind und Schwein an. Und kann ganz genau erzählen, woher es kommt und wie die Tiere gehalten wurden. Neuerdings verkauft er auch Wachteleier. Der Nachbarssohn hat begonnen, Wachteln zu züchten, rührend würde er sich um die Vögel kümmern. Und entsprechend prächtig sind auch die Eier. Im Spätsommer muss ich immer sehr früh auf den Markt kommen, um noch welche zu ergattern. Irgendwann meinte die Verkäuferin, es sei jetzt vorbei mit den Eiern, die Wachteln machten eine Pause und legten im Winter keine Eier. Ich bedauerte das sehr, denn gerade im Winter mag ich die kleinen Eier gerne auf einer heißen asiatischen Suppe. Einige Wochen später strahlte sie mich plötzlich an, der Nachbarssohn habe Wärmelampen für seine kleinen Vögel gekauft und nachdem die Wachteln sich das drei Wochen lang angeschaut haben, hätten sie wieder losgelegt …

GOAT FETA
-packed in brine
MAMMUTH
-camembert style
GREEN PEPPERCORN
SILHOUETTE
DOOLAN
Cow
Goat
1

LUOMU-ORGANIC
5€/kg
2

3

4

SOYBEAN
5

6

QUESO
9.00
QUESO
8.80
7

8

Calvo
ALMENDRAS DE MALAGA
9

[4] Greenmarket am Union Square in New York [5] dunkler Kohlrabi auf dem Bauernmarkt [6] Kräuterstand in Marrakesch [7] Chilis auf dem Markt in São Paulo [8] Miso-Geschäft Soy Bean Farm in Tōkyō [9] Marktstände in Lima, Peru [10] auf dem Markt in Porto, Portugal [11] Fischmarkt im Friaul [12] in den Markthallen von Porto, Portugal

Der praktisch orientierte Mensch könnte nun einwenden, dass dieser Aufwand und das frühe Aufstehen gar nicht notwendig seien, denn schließlich könne man ja alles vorbestellen. Richtig, das kann man. Aber mir würde dann die Lust genommen, mich auf dem Markt überraschen zu lassen. Nicht selten habe ich dort meine Pläne fürs Wochenende über den Haufen geworfen, habe umdisponiert. Es gibt unerwartet wunderschöne, frische Tomatillos? Perfekt. Wer braucht schon Spinat, wenn es frische Tomatillos gibt. Ich kaufe immer nach dem Lustprinzip und oft genug, ganz besonders in der warmen Jahreszeit, wenn das Angebot üppig ist, kaufe ich manchmal mehr, als ich verarbeiten kann und stehe nicht selten noch bis spät in die Nacht in der Küche, um das restliche Gemüse einzumachen.

Und sobald ich auf Reisen bin, bringe ich aus allen Winkeln der Welt von den Märkten etwas mit. Abenteuerlich aussehende Kartoffelsorten aus den *Anden*, frisch gemahlener junger Sancho-Pfeffer aus *Japan*, besonderer handgemachter Senf aus *Kanada*, frische Cashews aus *Brasilien*, Babyartischocken aus *Frankreich*, bunte Bohnen aus *Mexiko* und frische Farnköpfchen – *Fiddlehead Fern* – aus *New York*. Für diese Farnköpfchen bin ich einmal durch die halbe Stadt gelaufen. Ein Heimflug wäre ohne sie nicht vorstellbar gewesen. Wenn ich das Mitgebrachte dann zuhause in meiner Küche verarbeite, dann lasse ich genau diesen Markt, das berauschende Gefühl, etwas völlig Neues zu entdecken, noch einmal aufleben. Ich kann nur jedem empfehlen, diesen Moment außerordentlich zu zelebrieren – nicht nur, weil man so schnell keinen Nachschub mehr bekommt. Für meine Mitbringsel aus *Korea* habe ich zähneknirschend den Aufpreis fürs Übergepäck in Kauf genommen und so mancher hätte vermutlich mit dem Kopf geschüttelt, angesichts meiner eingemachten Chrysanthemenblüten aus *Japan*. Die Ferne und das Nahe, das ist es, was ich gerne mit den saisonalen Produkten zusammen bringe. Ich kann neue Kombinationen entwickeln oder auch die Klassiker in meiner Küche immer wieder aufs Neue perfektionieren.

Und noch etwas macht die Märkte einfach schöner als jeden Supermarkt: Die Menschen begegnen sich mit mehr Freundlichkeit. Nicht selten, dass mich jemand, der hinter mir in der Reihe steht, einfach fragt, wie ich denn jetzt dieses oder jenes zubereiten würde. Man tauscht sich aus und bekommt Anregungen von den Marktleuten. Wann passiert einem das schon im Supermarkt?

Und ab und zu erinnert es mich auch an meine Kindheit. An die Zeit, in der meine Großmutter den selbst angebauten Salat aus dem Garten zubereitete und eine winzige Schnecke sich trotz allen Waschens plötzlich in einer Vinaigrette wiederfand. Sie ist ein gutes Zeichen, diese kleine Schnecke. Mittlerweile freut sich die Markthändlerin immer, wenn ich ihr Bilder meiner Gerichte mitbringe, die ich aus ihren Produkten gekocht habe. Dann will sie mich immer weiter herausfordern und steckt mir beispielsweise einige Drachenkopfblüten in meinen Korb. So etwas erlebt man eben nur auf dem Bauernmarkt. Sie sind für mich ein wichtiges Kulturgut – jetzt und in der Zukunft.

BOM DIA
Portuguese Olive Oil
MONDEGAO
Tipo: Extra Virgem

若冲 生誕300年

5.-
Tuore
Tyrnimarja
5.-

남매등심
곰장어
동그랑땡

SCHRITT FÜR SCHRITT ZUM FERTIGEN KOJI

ZUTATEN

1 kg japanischer Reis (*Oryza sativa ssp. Japonica*, ein klebriger Rundkornreis)
1 TL Reismehl
1 g Pulver von Koji-kin
(Kultur von *Aspergillus oryzae*)
3 l stilles Wasser oder Quellwasser

KOCHUTENSILIEN

1 große Schüssel (mind. 5 l Fassungsvermögen)
1 großes Käsetuch
1 Topf
1 Dämpfeinsatz
1 große, flache Auflaufform aus Glas oder Keramik
(wer's ganz authentisch möchte: Zedernholzkästen)
1 sauberes Handtuch
1 flache Schüssel für das Wasser
1 sehr feines Teesieb oder 1 Puderzucker-Sieber
1 großer, flacher Holz- oder Plastiklöffel

GERÄTE

Gärautomat (ich benutze hier einen faltbaren, Hinweise dazu unter den Bezugsquellen) oder Inkubator (hiermit habe ich jedoch keine Erfahrungen gemacht, aber es gibt im Netz einige Foren, die dazu Anleitungen geben)
Thermometer (am besten geeignet: ein Fleischthermometer)

Wer sich an selbst gemachtes Miso wagen möchte, der hat vielleicht auch Interesse, seinen Koji-Reis selber herzustellen. Zwar kann man diesen bereits bei einigen Spezialversendern (s. S. 203) beziehen, aber seine Herstellung ist kein Hexenwerk. Und wie mit allem Selbstgemachten gilt: Man weiß genau, was drin ist. Allerdings benötigt man etwas Geduld und die entsprechenden Gerätschaften. Hier im deutschsprachigen Raum die Pilzsporen zu bekommen, ist leider nicht ganz einfach. Im Anhang habe ich deshalb eine Bezugsquelle aufgelistet, wo man sich die Sporen des Edelschimmelpilzes, Koji-kin, direkt aus Japan bestellen kann, der am besten für Miso geeignet ist. Es gibt unterschiedliche Aspergillus-oryzae-Arten, je nachdem, was man daraus machen möchte. Ich habe mir über einen meiner japanischen Miso-Kontakte ein Paket mitbringen lassen. Insgesamt 200 g, die – das wurde mir mit einem Augenzwinkern versichert – für ein Koji durchaus ausreichend seien. Für ein Kilo Reis benötigt man maximal ein Gramm Sporen.

Zu beachten:

> DIE TEMPERATUR DES GERÄTS MUSS GENAU EINSTELLBAR SEIN.
> IM GÄRAUTOMATEN WIRD EINE LUFTFEUCHTIGKEIT VON 100 % BENÖTIGT.
> ES DAUERT 72 STUNDEN.

AM VORABEND:

1 Den Reis in einem Sieb waschen, bis das Wasser klar bleibt, und abtropfen lassen. Nun mit dem stillen Wasser in eine Schüssel geben, abdecken und etwa zwölf Stunden quellen lassen.

AM ERSTEN TAG:

2 Den Reis durch ein Sieb abgießen und eine Stunde darin abtropfen lassen.

3 Das Käsetuch anfeuchten und den Dämpfeinsatz damit auslegen, die Enden des Käsetuchs dabei überstehen lassen, damit der Reis mit ihnen bedeckt werden kann.

4 Ausreichend Wasser in den Topf füllen, den Dämpfeinsatz hineinstellen, das Käsetuch über dem Reis zusammenschlagen und einen Deckel auflegen.

5 Den Reis 40 Minuten dämpfen. Darauf achten, dass sich im Topf immer genug Wasser befindet, der Dämpfeinsatz muss sich dabei aber auf jeden Fall über der Wasseroberfläche befinden. Nach dieser Dämpfzeit ist der Reis ein wenig transparent geworden. Zum Verzehr

Am Vorabend: Reis waschen und quellen lassen

Tag 1: Reis mit Käsetuch glasig dämpfen

wäre er noch zu hart, aber für die weiteren Schritte ist er jetzt genau richtig.

6 Den Reis samt Tuch in die Auflaufform legen und gleichmäßig zum Abkühlen darin ausbreiten.

7 In einer kleinen Schüssel das Reismehl mit dem Koji-kin mischen und in das Teesieb geben.

8 Sobald der Reis eine Temperatur von 35 °C hat, sorgfältig mit der Koji-kin-Mischung bestäuben. Dabei den Reis immer wieder wenden und zusammen klebende Reiskörner sorgfältig trennen, damit die Sporen optimal verteilt werden. Danach das feuchte Käsetuch wieder darüber schlagen.

9 Den Gärautomaten auf 35 °C einstellen. Die Auflaufform und eine flache, mit Wasser gefüllte Schale hineinstellen. Bevor der Gärautomat verschlossen wird, ein feuchtes Handtuch (ohne Weichspüler gewaschen, nur ausgekocht, damit der Reis hinterher nicht nach Seife schmeckt) zwischen Deckel und Seitenwände legen. Das gewährleistet eine konstante Luftfeuchtigkeit und verhindert, dass Kondenswasser auf den Koji-Reis tropft.

NACH 10–12 STUNDEN

1 Zum ersten Mal gründlich umrühren, dabei die unteren Reisschichten nach oben bringen. Die Reistemperatur prüfen. Optimal ist ein Temperaturbereich zwischen 31 und 33 °C. Ist sie zu hoch, z. B. über 40 °C, kann sich der Edelschimmelpilz nicht optimal vermehren.

NACH 24 STUNDEN

1 Beim zweiten Umrühren ist bereits eine minimale Veränderung am Reis zu erkennen: Ein ganz kleiner Teil ist ein wenig „pudrig" geworden. Der Schimmelpilz vermehrt sich durch Wärme und wächst nun am Reis. Dieses Mal den Reis kurz mit dem Reislöffel umrühren, damit sich einzelne Reiskörnchen voneinander trennen können.

NACH 36 STUNDEN

2 Beim dritten Umrühren ist der Reis im Vergleich zum Anfang der Fermentierung deutlich weißer geworden: Es sind Stellen entstanden, die aussehen, als ob dort der Reis mit Mehl bestreut worden wäre.

3 Auch hier durch das Umrühren wieder die einzelnen Reiskörnchen voneinander trennen, wenn sie zusammenkleben. Die Temperatur erneut prüfen und eventuell anpassen, denn der Reis entwickelt durch die Fermentierung nun auch eine Eigenwärme.

NACH 48 STUNDEN

4 Nun ist der Reis komplett mit Hyphen bedeckt (so heißt der Flaum, der aus den mikroskopisch kleinen, verzweigten Pilzfäden entsteht). Je nach Sorte des Koji-kins und der Temperatur im Gärautomaten kann es länger dauern, bis dieser flaumige, weiße bis hellgelbe Pelz den Reis komplett bedeckt hat. Der Reis schmeckt nun leicht süß und duftet.

5 Den Koji-Reis auf einem großen, sauberen Tuch flach zum Trocknen auslegen. Auch hier die einzelnen Körnchen sorgfältig voneinander trennen. Ist die meiste Feuchtigkeit entwichen, in eine verschließbare Schale geben und kühl stellen. Der Koji kann nun innerhalb der nächsten fünf Tage für Miso verwendet werden.

HINWEIS *Falls Reiskörner eine andere Farbe angenommen haben (rot, braun oder schwarz), hat sich ein anderer Schimmel breitgemacht und diese Reiskörner müssen großzügig entfernt werden. Ebenso verhält es sich mit schwarzen Schimmelfäden; diese Schadschimmel können gefährliche Gifte entwickeln. Dann muss leider die gesamte Koji-Vorbereitung von neuem beginnen.*

TIPP *Aus frischem Koji kann auch **Shio Koji** hergestellt werden. Darin lassen sich Fleisch und Gemüse marinieren. Dafür 150 g frischen Koji und 50 g naturbelassenes Salz mit 100–130 ml stillem Wasser oder Quellwasser vermischen. In einem sauberen, verschließbaren Glas eine Woche bei Zimmertemperatur ziehen lassen.*

Holzschütten aus Zedernholz, in denen Koji reift.

Sakefässer am Meji-Schrein im Yoyogi Park in Tōkyō

MISO SELBER MACHEN

SCHRITT FÜR SCHRITT ZUM FERTIGEN MISO

ZUTATEN FÜR 3 EINMACHGLÄSER À 1 L

660 g getrocknete Sojabohnen
1 kg Koji-Reis (selbst gemacht, s. S. 198, oder beim Spezialversender beziehen)
280 g naturbelassenes Salz, z. B. Meersalz (+ Salz zum Bestreuen des Misos)
4–5 l stilles Wasser oder Quellwasser in Zimmertemperatur

Hinweis: Möglichst kein Wasser aus dem Wasserhahn verwenden, da das je nach Region mit Chlor behandelt sein kann, was die Fermentation verhindert. Auch jodiertes Speisesalz verhindert die Tätigkeit der für die Fermentation aktiven Mikroorganismen.

DIE MISO-FORMEL

2 Teile Soja trocken + 3 Teile fertiger Koji-Reis + ≤ 10 % Salz = MISO

KOCHUTENSILIEN

1 großer Topf (z. B. ein Pastatopf) mit Deckel
1 Stabmixer
1 große Glasschüssel
1 hoher Becher zum Zerkleinern der Sojabohnen
2 Einweghandschuhe
1 Küchenthermometer
hitzebeständige Einmachgläser mit Deckel

1. SOJABOHNEN EINWEICHEN

1. Am Vorabend mit dem Einweichen der Sojabohnen beginnen: Sojabohnen in einem Sieb gründlich mit kaltem Wasser waschen, danach abtropfen lassen.
2. Die Sojabohnen in eine Glasschüssel füllen, so viel stilles Wasser zugießen, bis sie etwa zweifingerbreit davon bedeckt sind, und über Nacht einweichen.
3. Nach acht bis zwölf Stunden Einweichzeit sind die Sojabohnen fast doppelt so groß und kochbereit. Sojabohnen, die nicht aufgequollen sind, entfernen.

Schritt 1: Sojabohnen einweichen

2. SOJABOHNEN KOCHEN & PÜRIEREN

1. Eingeweichte Sojabohnen durch ein Sieb abgießen, etwas abtropfen lassen und mit dem restlichen Wasser in den großen Topf geben (für 500 g Sojabohnen sind 2–3 l ausreichend).
2. Den Topf auf den Herd stellen und bei halbgeschlossenem Deckel aufkochen lassen. Das verhindert das Überkochen, denn es bildet sich relativ viel Schaum, der leicht über den Topfrand steigen kann. Den Schaum mit einer Kelle entfernen.
3. Sobald die Sojabohnen kochen, die Temperatur reduzieren, so dass sie nur sanft vor sich hin köcheln. Den Deckel schließen, sobald kein Schaum mehr entsteht.
4. Die Bohnen etwa vier Stunden lang kochen, dabei den Schaum immer wieder abschöpfen. Sie sind richtig gegart, wenn sie sich zwischen Daumen und kleinem Finger zerdrücken lassen.
5. Oben schwimmende Sojabohnenschalen mit einem Schaumlöffel entfernen. Die Bohnen durch Sieb in eine Schüssel abgießen (die Kochflüssigkeit wird noch benötigt). Gegarte Sojabohnen in einen hohen Pürierbecher geben und portionsweise mit dem Stabmixer pürieren. Sojabohnen auf ca. 36 °C abkühlen lassen.

Schritt 2: Sojabohnen aufkochen und pürieren

Schritt 3: Koji vorbereiten und …

Schritt 3: … mit pürierten Sojabohnen vermischen

Schritt 4: In sterilisierte Gläser füllen.

3. MIT DEM KOJI MISCHEN

1. Den Koji-Reis (s. S. 198) in eine große Schüssel geben. Handschuhe anziehen und eventuelle Klümpchen im Koji mit den Fingern lösen. Dabei den Koji mit dem Salz vermengen.
2. Die abgekühlte Sojabohnenpaste (max. 34–36 °C, damit der Schimmelpilz des Koji-Reises keinen Schaden nimmt und aktiv bleibt) mit dem Koji vermischen.
3. Sollte die Mischung zu trocken sein, esslöffelweise von der aufgefangenen Kochflüssigkeit dazugeben. Darauf achten, dass die Mischung dabei nicht zu feucht wird; optimal ist die Konsistenz eines klebrigen Teigs, der sich kneten lässt, aber keinesfalls fließt. Fertig gekaufter Koji-Reis ist meist trockener, als selbstgemachtes Koji.

4. DIE MISCHUNG ABFÜLLEN

1. Die Einmachgläser vor der Verwendung in kochendem Wasser oder im Ofen sterilisieren, dann abkühlen lassen.
2. Nun die Masse in die in Gläser füllen. Das geht am einfachsten, indem man Kugeln formt und diese sehr fest ins Glas drückt. Es dürfen keinerlei Lufteinschlüsse mehr vorhanden sein.
3. Das Glas nicht bis oben füllen, ca. 4 cm Platz bis zum Rand lassen.
4. Jeweils mit einem (oder mehr) Esslöffel Meersalz bestreuen. Das verhindert, dass das Miso zu schimmeln beginnt, denn Salz wirkt antibakteriell.

   TIPP *Wer schon fertiges Miso besitzt, kann eine Schicht davon auf der Mischung im Glas auftragen. Diese Methode ist am unkompliziertesten.*
5. Die Gläser luftdicht verschließen und mit Datum versehen. An einen möglichst dunklen, nicht zu warmen Ort stellen (meine Miso-Gläser stehen beispielsweise im Garderobenschrank). Nach fünf bis sieben Monaten ist das Miso fertig!

Für meine Rezepte habe ich Miso der Marken Muso Intl., Hikari, Mitoku, Schwarzwald Miso, Mimi Ferments, South River, Honda Miso, Maruyamiso, Durikong und diverse Misos von japanischen und koreanischen Bauernmärkten verwendet. Einige davon bekommt man auch in Deutschland.

MISO

Bio-Qualität aus Deutschland:
Schwarzwald Miso, Villingen-Schwenningen, *www.schwarzwald-miso.de/shop*
Mimi Ferments, Berlin, *www.mimiferments.com*

Bio-Qualität aus Österreich:
LUVI Fermente KG, Lenzing, *www.luvifermente.eu*
Wiener Miso/Fermentum, Wien, *www.wienermiso.com*

Bio-Qualität aus der Schweiz:
DasPure AG, Wetzikon, *www.daspure.ch*

Bio-Qualität aus Japan findet man bei den Marken **Arche** und **Ruschin,** in vielen Bioläden oder Reformhäusern oder z. B. unter:
www.makrobiotik-shop.de/miso · *www.5elemente-versand.de/lebensmittel*
www.makrobiotik-perlen.de/lebensmittel · *www.makrobiotik.com*

Bio-Qualität aus USA:
www.southrivermiso.com (leider nur Lieferungen nach USA) mit spannenden saisonalen Miso-Kreationen

weiteres Miso aus Japan:
Mitoku, *www.mitoku.com* (wird hier über **Arche** vertrieben)
Hikari Miso, *www.hikarimiso.com*
Maruya Hatcho Miso, *www.8miso.co.jp/english.html*

KOJI

www.mimiferments.com · *www.wildundwunder.at* · *www.higuchi-m.co.jp/*english

GÄRAUTOMAT

Von **Brød & Taylor** faltbarer Gärautomat aus USA, *www.brodundtaylor.de.*

BEZUGSQUELLEN

BESONDERE ZUTATEN

GOCHUGARU Koreanische Chiliflocken ohne Kerne aus roten, getrockneten Chilis, mit einer fruchtigen Schärfe, manche erkennen auch eine dezente Rauchnote in ihnen. Gochugaru macht das bekannte fermentierte *Kimchi* rot und scharf. Alternativ lassen sich andere Chiliflocken verwenden, dann aber solche ohne Kerne nehmen. Am ehesten kommen dem noch getrocknete *Aleppo-Chilis* mit ihrem fruchtigen, nicht zu scharfen Aroma gleich.

KATSUOBUSHI Die *Bonitoflocken* sind eine der Grundzutaten der *Dashibrühe*. Das Fleisch des *Echten Bonito-Thunfischs* wird dazu gedämpft, getrocknet und geräuchert. Katsuobushi würzt auch kalten Tofu und Salate sowie die bekannten japanischen „Tortillas", *Okonomiyaki*. Die in Europa in japanischen Geschäften erhältlichen *Bonitoflocken* sind leider meist mit irgendwelchen Zusätzen versehen. Am besten sind die frisch abgehobelten Späne vom getrockneten Fischstück, die es manchmal auch vakuumiert abgepackt gibt.

KOMBU Diese Algenart, der Riementang, verleiht der bekannten *Dashi* und vielen japanische Gerichten ihr besonderes, zartes Meeraroma. Die auf den getrockneten Algenstücken befindliche Salzkruste ist ein Qualitätsmerkmal, man kann sie vor dem Verarbeiten in der Küche mit einem feuchten Küchenpapier abwischen. Die Braunalgenart (*Laminaria japonica*) wird in Japan hauptsächlich an den Küsten *Hokkaidos* geerntet, sie kommt aber auch aus China, Russland und Korea. Wie alle getrockneten Algen bewahrt man Kombu am besten luftdicht verschlossen in Dosen auf.

MIRIN Häufig auch als süßer Reiswein bezeichnet und daher mit *Sake* verwechselt. Zwar entwickelt auch er sich auf Basis von *Koji* (s. S. 198), aber ihm wird außer Wasser auch noch *Shochu* zugesetzt, eine japanische Spirituose, sowie Zucker und je nach Marke auch Gewürze. Seine Konsistenz und Süße erinnern an Süßweine, es gibt ihn aber auch gesalzen. Er wird hauptsächlich zum Würzen verwendet, zum Trinken greift man in Japan lieber zu echtem *Sake*.

MUSCOVADO Ein kräftiger, unraffinierter Rohrohrzucker, den es in hell, mittel und dunkel gibt. Die Melassearomen machen ihn zu einem perfekten Partner für die pikante Küche. Meist besitzt er noch etwas Restfeuchte und ist daher leicht klumpig. Je mehr Melasseanteil, desto dunkler.

PONZU Japanische Sauce aus Zitrussaft, Sojasauce und Reisessig, meist mit *Katsuobushi* (s. S. 204) und *Kombu* (s. S. 204) gewürzt. Oft wird dazu auch *Yuzusaft* (s. S. 206) verwendet. Häufig werden Salate nach japanischer Art damit angemacht.

SAKE Er wird häufig mit Reiswein übersetzt, ist aber aufgrund seiner Herstellung eher ein Reisbier, denn auch er verdankt sein Aroma und seinen Alkoholgehalt der Fermentation. Basis ist wiederum *Koji*, der mit Aspgerillus oryzae geimpfte Reis. Nach einer definierten Gärzeit kann er bis zu 20 Vol.-% Alkohol entwickeln. Es gibt ihn in unterschiedlichen Qualitäten und er kann ein Menü begleiten, wie es auch mit Weinen üblich ist. Zur Not lässt er sich beim Kochen durch Sherry ersetzen, aber wer einmal richtig guten *Sake* gekostet hat, der will nichts anderes mehr. *Sake* kann entweder heiß oder kalt serviert werden.

SANSHO-PFEFFER Er ist das japanische Pendant zum chinesischen Szechuan-Pfeffer (*Zanthoxylum piperitum*). Im Gegensatz zu schwarzem Pfeffer (*Piper nigrum*) besitzt er keine Pfefferschärfe im üblichen Sinn, sondern seine getrockneten Samenkapseln mit den kleinen Stängelchen hinterlassen ein zitroniges Aroma mit deutlichem Schärfeeindruck.

SHICHIMI TOGARASHI Siebengewürz-Chilipfeffer, ein typisches japanisches Gewürz, für das es kein festes Rezept gibt. Am häufigsten besteht es aus einem Mix von getrockneten roten Chilischoten (*togarashi*), Sansho-Pfeffer (Japanischem Bergpfeffer), Mandarinenschale, schwarzen Hanfsamen, heller und/oder schwarzer Sesamsaat und getrockneten *Nori* (grünen Algen).

SHIO KOJI Japanische Würzzutat auf Basis von *Koji* (s. S. 198), die aus dem mit Hilfe von *Aspergillus oryzae* fermentierten Reis, Natursalz und Wasser (am besten mit stillem Wasser oder Quellwasser) besteht. *Shio Koji* kann wie eine Art Marinade verwendet werden und es lassen sich Gemüse (*Tsukemono*: japanische Gemüsepickles), Fleisch oder Fisch darin einlegen.

SHOYU Fermentierte Sojasauce, die außer mit Sojabohnen mit Weizen hergestellt wird. Der aus dem Getreide dabei entstehende Alkohol macht die Würzsauce haltbar. Damit das Aroma erhalten bleibt, wird diese Sojasauce am besten erst nach dem Kochen hinzugefügt.

TAMARI Eine ebenfalls auf Fermentation basierende dunkle Würzsauce aus Sojabohnen, die zudem glutenfrei ist. Traditionell ist *Tamari* ein Nebenprodukt bei der Miso-Herstellung. Um sie haltbar zu machen, wird ihr *Mirin* (s. o.) zugesetzt. Tamari kann mitgekocht werden.

TAHINI Ein aus der arabischen Küche stammendes Sesammus, das es aus geschälter und ungeschälter, teilweise gerösteter Sesamsaat gibt. Eine feine Alternative zu Erdnussbutter, die in türkischen Lebensmittelgeschäften oder Bio-Läden erhältlich ist. Das in der japanischen Küche verwendete meist schwarze Sesammus heißt *Nerigoma* (*goma* = Sesam), dazu werden die Sesamkörner aber deutlich länger geröstet als für Tahini und es ist bei uns auch seltener zu bekommen.

UMEBOSHI Gesalzene und milchsauer vergorene Früchte des Ume-Baumes (*Prunus mume*), der Steinfrüchte, ähnlich wie Reineclauden, trägt. Meist werden noch Shisoblätter verwendet, die die Früchte rot färben und zudem für natürliche Haltbarkeit sorgen. *Umeboshi* gelten als Stärkungsmittel und Verdauungshilfe, sind Bestandteil jedes traditionellen japanischen Frühstücks und eine typische Beilage zu Reis oder im Bento (dem japanischen Snack für unterwegs).

UME SU Wird in der japanischen Küche ähnlich wie Essig bei uns verwendet. *Ume Su* hat besitzt im Gegensatz zu Essig eine milde, fruchtige Säure und ist durch seine feine Salznote eher eine Würzsauce. *Ume Su* ist die Flüssigkeit, die sich bei der Herstellung der *Umeboshi* (s. o., *su* = Essig) bildet. Alternativ passt mit seinem fruchtigen Säurekomplex auch *Verjus* (Saft unreifer Trauben) oder milder Balsamessig.

WAKAME Der Riesenblättertang wird meist getrocknet angeboten und für Suppen und Salate verwendet. Wie alle getrockneten Algen bewahrt man ihn am besten luftdicht verschlossen in Dosen auf. Die aus der japanischen und koreanischen Küche bekannte Braunalge wird in Europa z. B. in der Bretagne und in Spanien kultiviert, es gibt sie auch in Bio- und Rohkostqualität.

YUZU Die zitronengelbe, etwa mandarinengroße Zitrusfrucht hat ein unvergleichliches Aroma. In der Küche werden ihre Schale und der Saft verwendet. Außerhalb Japans wird ihr Saft in kleinen Flaschen verkauft, die ihren Preis haben, aber geschmacklich eigentlich alternativlos sind.

WEITERE INFOS ZU DEN ZUTATEN

FISCH Wenn Fisch und Meeresfrüchte, dann aus verantwortungsvollen Quellen. Um Überfischung, Umweltzerstörung oder tierunfreundlichen Beifang zu vermeiden, lohnt ein Griff zu den mit *MSC-Siegel* zertifizierten Produkten (*Marine Stewardship Council*). Aktuelle Listen von gefährdeten Fischarten sind auf den Internetseiten des *WWF, Greenpeace, Mr. Goodfish* und *MSC* jederzeit abrufbar.

OLIVENÖL Die Auswahl bei Olivenöl ist inzwischen kaum noch überschaubar. Für die Rezepte verwende ich in der Regel ein mildes Olivenöl, am liebsten ein natives aus Griechenland in Bio-Qualität. Wichtig bei der Auswahl ist, für welches Temperaturspektrum es verwendet werden soll. Daher habe ich auch ein spezielles Olivenöl zum Braten (z. B. von *Byodo*).

SALZ Naturbelassene Salze (Meersalz, Vollsalz etc.) verwenden, denn sie weisen noch das gesamte Mineralstoffspektrum auf. Da sind dann auch keine Zusätze oder Rieselhilfen nötig. Fluoridierte oder jodierte Salze verhindern zudem, dass der Fermentierungsprozess bei selbstgemachtem Miso in Gang kommt. Besonders fein zum Abschmecken oder Nachwürzen ist Fleur de Sel, die handgeschöpfte Salzblume, die es nicht nur in Frankreich gibt. Ich veredle meine Gerichte z. B. mit *Maldon Salt Flakes*. Jedes Salz hat eine andere Mineralstoffzusammensetzung und schmeckt daher anders. Ob *Murray River Salt*, das schwarze indische *Kala-Namak*, echtes *Himalayasalz* oder unbehandeltes *Atlantik-Meersalz* – einfach mal ausprobieren, was am besten mundet.

GRUNDREZEPTE

GEMÜSEBRÜHE ca. 1 l

250 g Möhren · 2 Stangen Lauch · 1 kleine Petersilienwurzel · 150 g Knollensellerie · 2 Knoblauchzehen · 1 walnussgroßes Stück Ingwer · 1 weiße Gemüsezwiebel · 1 EL schwarze Pfefferkörner · 2 Sternanis · 1 EL Korianderkörner 3 Stängel Petersilie · 1,3 l Wasser

1. Die Karotten und den Lauch gut waschen und in grobe Stücke schneiden. Die Wurzelenden vom Lauch entfernen. Die Petersilienwurzel und den Sellerie schälen, ebenfalls grob würfeln. Die Zwiebel schälen und in Spalten zerkleinern. Den Ingwer schälen und in dicke Scheiben schneiden.
2. Das Gemüse mit den Ingwerscheiben, den angequetschten Knoblauchzehen, den Gewürzen und der Petersilie mitsamt Stängeln in einen hohen Topf geben. Das Wasser zugießen und zum Kochen bringen. Dann die Temperatur auf mittlere Hitze reduzieren und die Brühe ohne Deckel 30–40 Minuten köcheln lassen. Die Gemüsebrühe durch ein Sieb abgießen und abkühlen lassen oder weiter verarbeiten.

TIPP *Das Gemüse im Topf vor Zugabe der Flüssigkeit in 1 EL Butter leicht anbräunen. Das intensiviert den Geschmack der Gemüsebrühe.*

HÜHNERBRÜHE ca. 2 l

4 Stangen Staudensellerie · 3 große Möhren · 2 Lauchstangen 3 große Zwiebeln · 4 Knoblauchzehen · 2 Lorbeerblätter · 2 Thymianzweige 10 weiße Pfefferkörner · 3 Hühnerkarkassen oder 1 ½ kg Hühnerklein 3 l kaltes Wasser

3. Staudensellerie, Möhren und Lauch sorgfältig waschen und putzen. Das Gemüse in grobe Stücke schneiden.
4. Die Zwiebeln und den Knoblauch schälen. Die Zwiebeln in dicke Scheiben schneiden, den Knoblauch halbieren.

5 Alle Zutaten mit dem Wasser in einen großen Topf geben, aufkochen lassen und den Schaum abschöpfen. Dann die Temperatur auf mittlere Hitze reduzieren und bei halb aufgelegtem Deckel etwa zwei Stunden köcheln lassen.

6 Die Hühnerbrühe durch ein feines Sieb in einen zweiten Topf abseihen. Die Flüssigkeit erkalten lassen und das an der Oberfläche angesammelte Fett entfernen.

TIPP *Für einen kräftigeren Geschmack, die Karkassen oder das Hühnerklein vorher im Ofen rösten.*

RINDERBRÜHE AUS MARKKNOCHEN 500–750 ml

3 Stangen Staudensellerie mit Grün · 3 Möhren · 2 Zwiebeln · 2 Knoblauchzehen · 15 g Butter · 4–5 Rippenknochen (Leiterchen) vom Rind, in einzelne Knochen zerteilt (falls noch angesägte Wirbelteile daran hängen, diese mitverwenden) · 5–6 schwarze Pfefferkörner, zerstoßen · 1 Prise Meersalz · 2 Lorbeerblätter 1 Zweig Thymian und/oder Fenchel oder ½ Bund Petersilie · 2 EL naturtrüber Apfelessig oder Sherry

1 Alle Gemüse gründlich waschen und ungeschält grob zerkleinern (auch die Zwiebeln und den Knoblauch). Die Butter in einem großen Topf oder Bräter stark erhitzen. Das Gemüse unter Rühren leicht anbräunen.

2 Knochen und Gewürze dazugeben, mit Essig oder Sherry ablöschen. So viel Wasser aufgießen, bis die Knochen zweifingerbreit davon bedeckt sind. Zehn Minuten stark kochen lassen, dann auf die niedrigste Temperatur zurückschalten und den Deckel halb auflegen. Die Brühe mindestens zwei bis drei Stunden sanft köcheln lassen, besser sind vier bis sechs Stunden. Alle 60 Minuten nachsehen, ob noch ausreichend Flüssigkeit im Topf ist und bei Bedarf Wasser nachgießen. Der Wasserspiegel sollte immer über den festen Zutaten stehen. Die Brühe gelegentlich umrühren, damit nichts anbrennt. Den beim Kochen entstehenden Schaum mit einer Kelle abschöpfen.

3 Die fertige Brühe durch ein Sieb in ein großes Gefäß abgießen und abkühlen lassen, bis sie anfängt zu gelieren. Entweder sofort verwenden oder abkühlen lassen und portionsweise einfrieren.

TIPPS *Die abgeseihte Brühe weitere 20 Min. sprudelnd einkochen lassen, bis sie einzudicken beginnt. Gekühlt wird daraus ein festes Gelee (Aspik).*

Für eine gehaltvolle Fleischbrühe 750–1000 g Suppenfleisch (Siedfleisch) mit ca. 500 g Markknochen kochen. Das Fleisch danach klein schneiden und als Suppeneinlage verwenden.

BRIOCHE BUNS 8–12 Burgerbrötchen

**450 g Weizenmehl, Type 405, + weiteres Mehl zum Verarbeiten · 50 g Maisgrieß
150 ml Wasser, lauwarm · 50 ml Milch, lauwarm · 40 g Zucker · ½ Frischhefewürfel (ca. 20 g)
2 Eier (Größe M), auf Zimmertemperatur · 80 g Butter, weich
5 g Salz · 1 Eigelb · 1 EL Sahne · helle und schwarze Sesamsaat**

1. Das Mehl in eine Schüssel sieben, mit dem Maisgrieß mischen und in die Mitte eine Mulde drücken. Die lauwarmen Flüssigkeiten mit dem Zucker verrühren und die Hefe darin auflösen. Die Hefe-Milch in die Mulde gießen und darin zu einem kleinen Vorteig anrühren. Das Mehl von den Rändern nicht untermischen, sondern den Vorteig nur damit bedecken. Ein Tuch über die Schüssel legen und an einem warmen, zugfreien Ort 30 Minuten gehen lassen.
2. Die Eier, die Butter und das Salz dazugeben. Die Masse mit den Knethaken des Handrührgeräts fünf Minuten zu einem glatten Teig verarbeiten. Mit bemehlten Händen zu einer Kugel formen, wieder abdecken und weitere 30 Minuten an einem warmen, zugfreien Ort gehen lassen.
3. Ein Backblech mit Backpapier auslegen.
4. Den Teig mit bemehlten Händen aus der Schüssel auf eine mit Mehl bestäubte Arbeitsfläche geben. Je nach gewünschter Brötchengröße in acht oder zwölf Portionen aufteilen. Jede Portion mit bemehlten Händen zu einer festen Kugel formen. Dafür den Teig nach innen ziehen, damit er eine feste Oberfläche bekommt. Die dabei entstehende Nahtseite gut zusammendrücken und nach unten auf das Backpapier setzen. Wieder abdecken und an einem warmen, zugfreien Ort nochmals für 30 Minuten gehen lassen.
5. Den Backofen auf 200 °C vorheizen. Das Eigelb mit der Sahne verquirlen. Die Oberseite der Brötchen damit bestreichen und nach Geschmack mit dem Sesam bestreuen. Auf der mittleren Schiene 15–20 Minuten goldbraun backen. Die Buns auf einem Küchengitter etwas abkühlen lassen und am besten noch lauwarm weiterverarbeiten.

VARIATION *1 TL Kurkuma- oder Rote-Bete-Pulver in den Teig geben.*

LITERATUR/QUELLEN

Barber, K.: **Die japanische Küche.** Hädecke, 2015

Barber, K.: **Washoku – japanisch kochen zuhause.** Hädecke, 2017

Belleme, J./Belleme, J.: **The Art of cooking with Miso.** SquareOne Publishers, 2004

Davidson, A.E.: **The Oxford Companion to Food.** Oxford Companions, 1999

Edward R.(Ted) Farnworth: **Handbook of Fermented Functional Foods,** CRC Press, 2008

Ellix Katz, S.E.: **The Art of Fermentation – An In-depth Exploration of Essential Concepts and Processes from Around the World.** Chelsea Green Publishing, 2012

Farnworth, E.: **Handbook of Fermented Functional Foods.** CRC Press, 2008

Grimm, H.-U.: **Vom Verzehr wird abgeraten: Wie uns die Industrie mit Gesundheitsnahrung krank macht.** Knaur Taschenbuchverlag, 2013

Japan Miso Promotion Board: **Try Miso,** Recipe Collection

Jordan Bourke, J./Rejina Pyo, R.: **So kocht Korea.** Dorling Kindersley, 2016

Katrin Thomas, K.: **Fermentieren – Superfood für den Darm.** Kneipp Verlag, 2017

Kushi, A.: **Aveline Kushi's großes Buch der makrobiotischen Küche.** Ost-West-Verlag, 2007

Kushi, A.T.: **How to cook with Miso.** Japan Publications, 1978

Lück, E.: **Geschichte der Lebensmittelkonservierung.** Ernährungs-Umschau 5/17–20, 2012

Marumo, K.: **Tasty Traditional Dishes.** Cross Median, 2002

McGee, H.: **On Food and Cooking – The Science and Lore of The Kitchen.** Scribner, 2004

Motte, M.: **Mochi – Japanisches Konfekt.** Hädecke, 2016

Mouritsen, O.G./Styrbaek, K.: **Umami: Unlocking the Secrets of the Fifth Taste** (Arts and-Traditions of the Table: Perspectives on Culinary History). Columbia University Press, 2015

Murray, M.T.: **Encyclopedia of Healing Foods.** Atria, 2012

N.N.: **Japanese Artisanal Food Craftsmen,** Muso Intl. Co. Ltd, Japan, 2016

Pini, U.: **Das Gourmet Handbuch.** Könemann Verlagsgesellschaft, 2000

Radke, G.: **Miso, die Heilkraft der Natur.** Aquamarin Verlag, 2009

Seishoku, S.O.: **Macrobiotics – The first Step.** Seishoku Publishing, 2011

Shurtleff, W./Akiko Aoyagi, A.: **The Book of Miso.** Autumn Press Inc., 1976

Singleton Hachisu, N.: **Japanese Farm Food.** Andrews McMeel Publishing, 2012

Spreng, A.: **Natürlich einmachen,** FONA, 2016

Steinberg, R.: **Die Küche in Japan.** Time Life International, 1969

Tsuji, S.: **Japanese Cooking – A Simple Art.** Kodansha International Ltd., 1980

Yang-Cha, Y./Moeller, A.E.: **Koreanisch vegetarisch.** Hädecke, 2012

WEBSEITEN:

Delicious ways to use Miso, Hikari Miso Co. Ltd. **www.hikarimiso.com**

Japan Miso Promotion Board: Miso, **www.miso.or.jp**

Makrobiotik: **www.zentrum-der-gesundheit.de**

REGISTER

DANKSAGUNG

Dieses Buch auf den Weg zu bringen, war im wahrsten Sinne des Wortes eine lange Reise und bestimmt von Menschen, ohne die dieses Buch niemals möglich gewesen wäre. Sie haben mit mir ihr Wissen, ihre Erfahrung und ihre Miso-Schätze geteilt, wofür ich ihnen immer dankbar sein werde.

In Japan haben *Yoshihiro „Joshu" Hayashi-san* und *Nobutaro Asai-san* mir die Türen zur Miso-Herstellung geöffnet. Daenjang hätte ich ohne die wunderbare *Hai Soon Park* in Südkorea niemals kennengelernt.
Ich habe grenzenlose Unterstützung von allen erfahren und durfte neben den Geheimnissen des Misos auch wunderbare Länder entdecken. Länder, die mir fast fehlen, so sehr sind sie mir ans Herz gewachsen.

Toshiya Sasaki-san, ich danke dir und deiner Frau *Noriko-san,* dass ihr mich immer auf meinen Japanreisen unterstützt habt, mit mir eure Slow-Food-Kontakte geteilt, euch um mich gekümmert, endlos viel übersetzt und mir so die Reise in die Aichi-Präfektur ermöglicht habt. Auch wenn ein Umweg über Niigata dazu nötig war.

Danke *Katharina Seiser* und *Katharina Höhnk,* die ihr von Anfang an die Idee geglaubt habt, mich angefeuert und darin bestärkt habt, dass dieses Buch über Miso geschrieben werden muss.

Meinen Freunden, die gleichzeitig unter der Entstehung dieses Buches leiden mussten (ich hatte kaum noch Zeit für sie) und davon profitierten (es gab immer was zu probieren) danke ich von ganzem Herzen für ihr Verständnis, ihre Zeit und ihre Kritikfreude während des vergangenen Jahres. Ihr seid wunderbar.

Ich danke *Nicole Klauß* für ihren unermüdlichen Einsatz mit Miso zu experimentieren, beispielsweise damit Brot zu backen und dieses spontan nach München zu schicken. Ohne sie hätte ich nicht den Mut gehabt, mich so sehr in wissenschaftliche Details hinein zu graben.

Und natürlich danke ich dem *Hädecke Verlag,* ganz besonders *Julia Graff,* für die großartige Zusammenarbeit. Das Buch ist so geworden, wie ich es mir gewünscht habe – und sogar darüber hinaus.

Meiner Mutter *Christa Zaltenbach* gebührt mein allergrößter Dank. Miso war ihr so fremd wie nur irgendwas, doch sie bestand darauf, es so schnell wie möglich kennenzulernen und begann damit zu kochen. Mama, für deine große Liebe, deine aufmunternden Worte, als mich das Miso schier aufgefressen hat, für einfach alles – Danke!

LIEBE LESERIN, LIEBER LESER,

schön, dass Sie dieses Buch aus unserem Verlag in Ihrer Buchhandlung entdeckt, von jemandem geschenkt bekommen oder an anderer Stelle erworben haben. Wenn es Ihnen gefällt oder Sie ein neues Lieblingsrezept darin für sich entdecken, dann freuen wir uns, wenn Sie ein Bild davon posten, es mit dem Hashtag #genussbuch versehen und uns verlinken! Sie finden uns beispielsweise hier:

www.hädecke.de
facebook.com/haedecke.verlag
instagram.com/haedecke
youtube.com/haedeckeverlag
pinterest.com/haedecke
www.mizzis-kuechenblock.de
hvlink.de/genussletter

KONTAKT ZUM VERLAG

Sie können über unsere oben genannten Social-Media-Kanäle Kontakt mit uns aufnehmen, wir freuen uns aber natürlich auch über Post oder eine Mail von Ihnen. Darin können Sie uns nach Lektüre des Buches z.B. gerne mitteilen, wie Sie es finden und welche Bücher Sie außerdem interessieren. Und falls wir evtl. eine wichtige Information übersehen haben, die Sie sich im Zusammenhang mit diesem Buch gewünscht hätten, wir Ihnen bei Rückfragen zu Rezepten behilflich sein können oder Ihnen möglicherweise sonst etwas aufgefallen ist, dann schreiben Sie uns einfach. Wir sind neugierig auf Ihre Meinung und mit Ihrer Rückmeldung helfen Sie uns, noch besser zu werden:
leserservice@haedecke-verlag.de

IMPRESSUM/HINWEISE

Hinweise zu den Rezepten, Abkürzungen und Maße

ml	→ Milliliter (1/1000 Liter)	**kg**	→ Kilogramm	**Msp**	→ Messerspitze
l	→ Liter	**EL**	→ Esslöffel	**cm**	→ Zentimeter
g	→ Gramm	**TL**	→ Teelöffel	**°C**	→ Grad Celsius

Alle Rezepte sind für 4 Portionen berechnet, Ausnahmen sind jeweils vermerkt.
Löffelangaben beziehen sich, soweit nicht anders vermerkt, immer auf das gestrichene Maß.
Die Temperaturangaben sind in °C (Grad Celsius) angegeben. Bei der Zubereitung im Backofen ist die Temperatur eines Elektroherds mit normaler Ober- und Unterhitze gemeint. Für Gasherde beachten Sie bitte die Angaben des Geräteherstellers.
Zitrusfrüchte, deren abgeriebene Schale genutzt wird, sind grundsätzlich ungewachst und aus biologischem Anbau. Die Früchte vor dem Reiben gründlich waschen, gewachste vorher mit heißer Seifenlauge abbürsten.
Es werden für alle Rezepte Eier der Größe L (groß), Güteklasse A verwendet. Bitte verwenden Sie immer nur ganz frische Eier!
Alle mit * gekennzeichneten Begriffe sind im Glossar (Seite 204 ff.) erklärt.

Impressum

4 3 | 2021

Ein verlagsneues Buch bekommt man in Deutschland und Österreich überall zum selben Preis. Die kulturelle Vielfalt wird durch die gesetzliche Preisbindung geschützt. Auf dem Land und in der Stadt, im Internet und in jeder Buchhandlung gilt der gebundene Ladenpreis.

Fotos & Texte: **Claudia Zaltenbach** · Porträts der Köche: Tanja Grandits © Restaurant Stucki, Basel; Lucki Maurer © Matthaes Verlag; Tohru Nakamura © Jelena Moro; Kudo Chiori © Hotel Bachmair, Tegernsee · Porträt der Autorin: © Magdalena Jooss, München
Lektorat: **Jo, Mo, Simone und Julia Graff, Hädecke Verlag** · Schlussredaktion: **nvsg** · Gesamtgestaltung: **Julia Graff, Hädecke Verlag** · Reproduktion: **FSM Premedia, Münster** ·
Gesetzt in der Basic Gothic von Hannes von Döhren und Livius Dietzel (FontFont), Nexa von Svetoslav Simov (Fontfabric) und Koushuki Sans von Atsushi Kawakami (http://font.koushiki.org/)

Druck: **aprinta druck GmbH, Wemding**
Printed in Germany 2021 · ISBN 978-3-7750-0772-6

klimaneutral Druckerzeugnis
www.natureOffice.com/DE-211-24EGKGE

FSC
www.fsc.org
MIX
Papier aus verantwortungsvollen Quellen
FSC® C004592

Dieses Produkt wurde klimaneutral aus Materialien hergestellt, die aus vorbildlich bewirtschafteten, FSC®-zertifizierten Wäldern und anderen kontrollierten Quellen stammen.